LK 7/710

GUIDE

DES VOYAGEURS

A BAGNÈRES.

Imprimerie de Raymond LAGARRIGUE, Imprimeur de
la Préfecture, place de la Pourtete.

GUIDE

DES VOYAGEURS

A BAGNÈRES DE BIGORRE

ET DANS LES ENVIRONS,

PUBLIÉ

Par J. B. J.......

Prix : 2 fr.

Se vend au profit des pauvres,

A TARBES,

Chez l'Auteur, rue du Maubourguet, n.º 12.

————

1818.

Tous les exemplaires doivent être revêtus du Sceau de la Mairie de Bagnères.

Cet ouvrage se trouve

à Paris, chez *Renard*, libraire, rue Caumartin, n.° 14 ;

à Bordeaux, chez *Lavigne* jeune, imprimeur du Roi, rue Porte-Dijeaux ;

à Lyon, chez *Chambet*, libraire, rue du Foulon ;

à Montpellier, chez *Sevalle*, libraire, grande rue ;

à Toulouse, chez *Senac*, libraire, place Rouaix ;

à Poitiers, chez l'Imprimeur de la préfecture ;

à Angoulême, chez *Tremau*, imprimeur-libraire ;

à Bourges, chez l'Imprimeur de la préfecture ;

à Pau, chez *Vignancour*, imprimeur ;

à Auch, M.ᵐᵉ veuve *Duprat*, imprimeur du Roi ;

à Bagnères, chez *Dossun*, imprimeur-libraire.

AVANT-PROPOS.

En écrivant ce petit ouvrage, qui peut être considéré comme le *vade mecum* des voyageurs, je n'ai pas voulu me borner aux indications qui leur sont nécessaires. On ne vient pas à Bagnères sans le désir de connaître ses environs et de parcourir les montagnes : il fallait donc, par une description exacte des lieux, engager les voyageurs à les visiter. Jaloux de voir par moi-même ces sites enchanteurs que je devais signaler à leur curiosité, je les ai parcourus en partie dans le mois de février ; j'ai traversé la vallée de Campan, et ne me suis arrêté que là où les neiges ont opposé un obstacle à mes désirs. L'hiver, qui cache dans ses brouillards les plus beaux points de vue des Pyrénées, m'a forcé, pour achever d'instruire mes lecteurs, d'avoir recours aux écrivains, qui, plus heureux que moi, ont gravi ces hautes montagnes dans la belle saison.

Pour éviter la monotonie qu'entraînent toujours les longues indications indispensables dans le genre de travail que j'ai entrepris, je me suis associé un compagnon de voyage étranger à ce pays, étranger même à la France, avec lequel j'ai pu converser, et recueillir des observations. Je crois n'avoir rien négligé pour l'instruction des étrangers : manière de vivre, logemens, beaux sites, promenades amusantes, divertissemens, industrie agricole et commerciale, mœurs, rien n'a été oublié. Mais j'ai dû passer sous silence tout ce qui a rapport aux propriétés curatives des eaux thermales de Bagnères. Un savant médecin de cette ville s'occupe en ce moment d'un ouvrage qui est attendu depuis long-temps. Son traité dissipera sans doute les effets de la calomnie et contribuera à rendre à la patrie de l'auteur son ancienne célébrité. Je me suis donc abstenu de parler d'aucun établissement particulier , excepté de la nouvelle fontaine ferrugineuse peu connue encore. L'intérêt de la ville de Bagnères exigeait qu'on entrât à cet égard dans les plus grands détails.

Peu d'étrangers connaissent les écrits de M. Ramond. On ne sera point fâché de trouver dans cet ouvrages quelques-unes de ses belles descriptions des Pyrénées , si élégantes , si vraies, et qu'aucune plume ne saurait égaler. Ces emprunts sont un hommage que je devais à ce savant , qui a su joindre à la science d'observation l'art difficile de décrire les scènes imposantes de la nature.

Pour ne rien laisser à désirer à mes lecteurs, j'ai placé des notes historiques aux passages qui en étaient susceptibles. Elles m'ont été fournies par les auteurs qui ont écrit l'histoire de la Bigorre. Ainsi, lorsque, sur notre route, j'ai trouvé un site, un village qui rappelaient le souvenir de quelque événement, je n'ai pas oublié de les indiquer aux étrangers.

A Spa, où se rendent beaucoup d'étrangers du nord de l'Europe, on a publié un guide des voyageurs. Bagnères, rivale de Spa, en réclamait un semblable, qui pût faire connaître à ceux qui se rendent aux eaux les environs charmans de cette ville et les plaisirs dont on y jouit. C'est ce que j'ai fait. Heureux si j'ai rempli ma tâche à la satisfaction des habitans de Bagnères et des voyageurs ; plus heureux encore, si je l'ai remplie selon les vœux du magistrat qui a daigné me l'imposer !

GUIDE
DES VOYAGEURS
A BAGNÈRES.

CHAPITRE I.er

INTRODUCTION.

L'ÉTRANGER qui vient de parcourir les campagnes nébuleuses de l'Angleterre ou les rochers arides de l'Italie, s'arrête étonné, lorsque, descendant les côtes qui ferment la plaine de Tarbes, il peut contempler le magnifique spectacle qui se déploie à ses regards. Les Pyrénées, dont il n'apercevait naguères que les sommets bleuâtres (1), se présentent comme un vaste amphi-

(1) On découvre les Pyrénées d'une grande distance, et, dans quelque sens qu'elles se présentent à la vue,

théâtre, au pied duquel on arrive en traversant une plaine de vingt mille mètres de largeur et peuplée de nombreux villages.

« Cette plaine, dit un savant que ce pays a

---

c'est, comme dans les Alpes, un amas de sommets découpés, aigus, hérissés, dont la couleur est tantôt le blanc des nuages, tantôt l'azur du ciel, selon qu'ils réfléchissent la lumière ou qu'ils sont couverts d'ombre. Rien de plus imposant à cet égard que la partie orientale de la chaîne située au bord de la mer : elle se déploie entière à la vue du Languedoc. C'est surtout du haut de la montagne de Cette qu'il faut la voir s'élever du sein même des flots comme un promontoire sourcilleux, tandis que les plaines du Roussillon, conquises sur la mer par les dépôts des fleuves, s'enfoncent, vues de cette distance, dans l'élément dont elles sont sorties.

Le centre de la chaîne demeure plus long-temps caché quand on s'en approche par la route d'Auch. Divers groupes de montagnes, la plupart secondaires, et sans doute dépendantes de sa masse primordiale, en interceptent la vue, jusqu'à ce que, d'une hauteur située à quelque distance de Mirande, entre Miélan et Rabastens, on en découvre tout-à-coup l'imposante barrière, au bout d'une plaine immense. Mais c'est de Tarbes même que ces monts, étroitement enchaînés et comme empilés les uns sur les autres, se présentent sous l'aspect le plus grand et le plus pittoresque.

RAMOND. *Obs. faites dans les Pyrénées, chap. 2.*

» vu naître, est partagée par un beau fleuve et
» plusieurs petites rivières, coupée par mille
» ruisseaux, arrosée et cultivée comme un jar-
» din, et parsemée de bouquets d'arbres de haute-
» futaie : là, une vigueur de végétation et une
» variété de culture qu'on ne trouve point ail-
» leurs ; des prés au milieu des champs, des
» champs et des vergers entourés de prairies,
» divisés en une foule de propriétés dont les com-
» partimens réguliers et irréguliers offrent toute
» sorte de figures. Partout une verdure dont la
» fraîcheur et le velouté ne peuvent se décrire,
» et qui se conserve pendant huit ou neuf mois
» de l'année. Cette plaine est bordée, à l'orient
» et à l'occident, par deux chaînes de côteaux
» qui courent du sud au nord, se rapprochent
» en remontant comme les deux branches d'un
» immense éventail, et vont s'appuyer sur les
» flancs du Pic du midi, dont ils laissent à dé-
» couvert la face septentrionale, ressemblant à
» une pyramide de près de mille toises de hauteur. »

L'imagination de l'observateur le reporte alors
vers les contrées qu'il vient de quitter.

L'Italie, riche en monumens de l'antiquité,
ne présente point ce luxe de végétation qu'on
remarque au pied des Pyrénées : son sol caillou-

teux est dépourvu de ces ruisseaux dont l'onde rafraîchit et fertilise les campagnes. Le triste olivier couvre le penchant des collines, l'arbousier sauvage, et le pin qui donne peu d'ombre, s'élèvent à côté des ruines d'un temple de Jupiter; des champs incultes, des rochers calcinés, et, au milieu des débris de l'ancienne magnificence de Rome, pas une fontaine pour rafraîchir le gosier desséché du voyageur.

En Angleterre ou en Ecosse, il a passé silencieusement à travers les poétiques forêts du Barde; il a cru entendre la voix plaintive de Malvina ou la harpe d'Ossian retentir sous les voûtes d'un palais gothique enveloppé de brouillards éternels.

Là, tout inspirait une sombre mélancolie; ici, tout enchante.

Ce ne sont plus ces chemins déserts, ces rochers brûlés par un soleil ardent; ce ne sont plus ces sombres forêts sans cesse battues par la tempête : le voyageur se trouve transporté, comme par enchantement, dans un nouvel Eden, au milieu de ce que la nature a produit de plus merveilleux. Il soupire après le moment où il pourra gravir ces monts tapissés de verdure, d'où jaillissent ces eaux minérales qui rendent à nos corps débiles la force et la santé; il languit de

visiter la *Tempé* des Pyrénées, si ingénieusement
et si poétiquement décrite par Ramond.

Telles étaient les réflexions qui occupaient
mon compagnon de voyage, en quittant le ter-
ritoire du département du Gers. La belle plaine
de Bigorre s'ouvrit devant nous en entrant à
Rabastens. Cette ville, située dans la plus belle
position, paraît encore déserte. Oui, milord,
deux siècles n'ont point effacé le souvenir de
ses malheurs. L'histoire nous apprend ce qu'elle
eut à souffrir pendant les guerres de religion,
et l'atroce férocité du maréchal de Monluc. (1)

---

(1) Monluc, blessé au pied des murailles de Rabastens, s'en vengea en passant tous les habitans au fil de
l'épée, sans distinction de sexe, ni de religion. Fléau
des Calvinistes, par un mélange de grandeur et de férocité, fidèle à ses amis, inexorable après la victoire, ce
barbare n'ambitionna l'honneur de vaincre que pour se
livrer au plaisir d'exterminer les vaincus. Il fit périr plus
de calvinistes par la potence et par la roue que par
l'épée. Toujours suivi de deux bourreaux, qu'il appelait
ses laquais, le nom de *huguenot* le faisait entrer en délire.
Pour transmettre son caractère féroce à ses enfans, il les
faisait, dit-on, baigner dans des cuves de sang.

Voyage dans les Pyrénées franç.

La distance de Rabastens à Tarbes est de cinq lieues de poste. Le chemin qui conduit à cette dernière ville ressemble plutôt à une allée de jardin qu'à une route publique ; il est tracé sur une ligne droite dont l'extrémité touche aux premières maisons de Tarbes que l'éloignement nous empêche de découvrir. Ce chemin était autrefois bordé de noyers; ils ont été abattus, et remplacés en partie par des peupliers et des saules.

Ici commence pour le voyageur une longue suite de sujets d'admiration qui ira toujours en croissant jusqu'au centre de la chaîne des Pyrénées. Les sites, le sol, le genre de culture, tout est nouveau pour lui. Avez-vous vu, milord, dans une autre partie de l'Europe, la vigne cultivée comme dans cette plaine? Cette manière tient à une vieille routine qu'on détruira difficilement. Jetez les yeux sur ces hautins, voyez la vigne mariée à l'érable et au cérisier. A peine les ceps ont-ils atteint la tête de l'arbre, l'agriculteur en recourbe les branches sur des conducteurs dirigés d'un plant à l'autre. Ces vergers ont un aspect agréable : le raisin est suspendu à des guirlandes de pampre qui se croisent et forment un dédale favorable aux amours. Dans les larges sillons qui séparent les

cérisiers sauvages, croissent le maïs et les légumes.

Aux portes de Tarbes, et, pour ainsi dire,
à l'entrée de ses faubourgs, est le village d'Au-
reilhan. Celui qu'on aperçoit avant de tourner
à droite pour passer le pont, et sur la route qui
conduit de Tarbes à Toulouse par St.-Gaudens,
se nomme Seméac. C'était l'ancienne campagne
des ducs de Gascogne, et de la maison de Gram-
mont. Henri de ce nom y fit bâtir un superbe
château, entouré d'un parc, dont il ne reste
aucun vestige.

Le pont de l'Adour est le monument le plus
remarquable que trouve le voyageur avant d'entrer à Tarbes. Il fut commencé en 1734, sous la
direction de Bayron, architecte, et sous la conduite des frères Claverie, maçons. M. de la Ro-
che-Aymon, évêque de cette ville, en posa la
première pierre.

Milord étant arrivé le matin à Tarbes, il em-
ploya le reste de la journée à parcourir la ville
et ses alentours.

Je dois maintenant faire connaître l'étranger que j'accompagne.

James Hodson est un jeune homme de 25 ans,
qui vient de quitter son île pour visiter l'Europe;
il joint à un grand usage du monde la connais-

sance parfaite de plusieurs sciences. Plus raisonnable, et moins jaloux que plusieurs de ses com-
patriotes, milord aime la France, estime et ad-
mire les Français. Solitaire au milieu de la cité
la plus populeuse de l'Angleterre, il était tombé
dans une noire mélancolie. Londres, son luxe et
ses fêtes ne l'avaient distrait qu'un instant ; il venait chercher, avec la santé, cette aimable folie
qui semble avoir fui les bords de la Tamise, pour
habiter ceux de la Seine, de la Durance et de
l'Adour.

Milord voyageait pour s'instruire : rien n'é-
chappait au désir d'augmenter ses connaissances.
Sites pittoresques, manufactures, industrie agricole, beaux-arts, il voulait tout visiter, tout ap-
profondir, tout connaître.

CHAPITRE II.

Tarbes.

« Tarbes, capitale, dès le 1.er âge de la ci-
» vilisation, des peuples de la Bigorre, con-
» nue, dès le temps de César, sous le nom de
» *Bigorra*, et plus tard sous celui de *Turba*,
» et enfin de *Tarba*, classée d'abord entre les
» cités principales de la troisième Aquitaine, et
» ensuite de la Novempopulanie, éclairée, dès
» le 3.ᵉ siècle de notre ère, de la lumière du
» christianisme, illustrée par sa persévérance
» dans l'orthodoxie, lorsque l'arianisme, pro-
» tégé par les rois Visigoths, réunissait contre
» elle les séductions de l'hérésie aux contraintes
» de la persécution; Tarbes a des avantages di-
» gnes de sa noblesse : une position délicieuse,
» au milieu d'une plaine fertile, des environs où
» la nature déploie sa majesté dans les formes,
» son luxe dans les productions, un ciel serein,
» des aspects qui manquent aux capitales des

» empires, voilà des titres qui donnent un nou-
» veau lustre à son histoire. »

C'est ainsi que M. Ramond donne, en quelques lignes, l'histoire de cette ville pendant
une longue série de siècles qui ne fut point
exempte de révolutions.

Il n'existe aucun monument remarquable
qui atteste au voyageur la domination romaine.
Tour-à-tour pillée et saccagée par les Vandales, les Alains et les Goths, plus tard par
les Arabes et les Normands, ensuite ruinée pendant les guerres civiles, Tarbes n'a pu conserver aucun de ces précieux débris qui sont les
archives de l'histoire. L'ancien fort *Bigorra*,
qui donna le nom à la contrée, n'existe plus ;
la cathédrale s'est élevée sur ses ruines. Le château des anciens comtes sert aujourd'hui de prisons.

Nous parcourûmes cette jolie ville située sur
la rive gauche de l'Adour. Les eaux de cette rivière, sont distribuées avec profusion dans toutes les rues pour entretenir la fraîcheur et la salubrité.

La bibliothèque publique, confiée aux soins
de M. le chevalier Dangos, que la France compte
parmi ses astronomes, fut le premier établissement que milord Hodson désira visiter. Elle

possède des ouvrages rares et précieux, conservés au milieu des tempêtes politiques par le zèle du bibliothécaire. Il y a surtout une collection de bons livres anglais.

Le département des Hautes-Pyrénées, dont le chef-lieu est à Tarbes, possède un dépôt d'étalons pour la propagation et l'amélioration des précieuses races de chevaux dits Navarrains.

Le pays fourmille de jumens ; les belles n'y sont pas rares, et l'espèce dont le moral est excellent, est telle que, si l'on y entretenait plus d'étalons de choix, dont on trouverait une partie en Angleterre parmi les chevaux provenant de races arabes et améliorés dans ce pays, où ils sont connus sous la dénomination de *full-blood horses*, les montagnes des Pyrénées et les parties basses qui les avoisinent, produiraient des chevaux qui pourraient égaler en force, en vîtesse, et surtout en courage, les étalons dont ils sortiraient, s'ils ne les surpassaient pas. (1)

---

(1) C'est surtout dans les communes situées sur les deux rives de l'Adour, depuis Tarbes jusqu'à Bagnères, que l'on trouve les plus beaux produits de cette race navarraine, croisée depuis quelque temps avec les étalons de race étrangère envoyés par le Gouvernement.

La partie du pays qui s'étend vers le Gers et la Haute-Garonne, produit des animaux d'une espèce plus grande ; elle peut s'améliorer au moyen d'étalons de l'espèce carrossière prise dans le Yorkshire et la Normandie. De ce croisement de race sortiraient des chevaux de trait plus vîtes, plus légers, et de plus de résistance au travail que ne sont les chevaux Normands, qui cependant sont très-estimés.

Nous avons vu à Tarbes, dans le dépôt d'étalons du Roi, des produits de ce département qui ne laissent rien à désirer ; mais ils ne sont pas en très-grand nombre : ce qui nous surprit étrangement. Le chef du dépôt nous en donna la raison. Le grand commerce de mulets qui se fait avec l'Espagne, est cause que les paysans, qui vendent un produit du baudet, à l'âge de six mois, douze, quinze, et même vingt louis, préfèrent mener au baudet leurs jumens, dont les produits, par le cheval, se vendent à l'âge d'un an, cinq à six louis, et au plus dix louis. Ces causes s'opposent à la propagation des chevaux, et retardent l'amélioration de l'espèce.

Le moyen le plus simple, pour détruire ce système contraire à l'amélioration des races, nous dit le chef de l'établissement, serait de réussir

à ramener au goût de l'élève du cheval, les habitans, qui s'y livreraient de préférence, s'ils
y trouvaient leur compte, et si le gouvernement
s'imposait quelque sacrifice pour accorder des
primes d'encouragement : le département des
Hautes-Pyrénées deviendrait par la suite une pé-
pinière d'étalons qui pourraient alimenter tous
les établissemens du Midi, ce qui nous affran-
chirait de la dispendieuse nécessité de porter tous
les ans à l'étranger des sommes considérables
pour en tirer des étalons qui ne valent pas
mieux que ceux que nous pourrions obtenir.

Parmi ceux de produit indigène, on distingue le *Triomphant*, l'*Asiatique*, et un jeune
cheval de trois ans, nommé le *Bijou*. Plusieurs
poulains donnent de grandes espérances.

Les étalons de race étrangère ont presque tous
besoin d'être renouvelés. Cependant, parmi
ceux qui peuvent encore être utiles, le *Circas-
sien* mérite surtout l'attention des amateurs de
chevaux de race.

On s'occupe, dans ce moment, des construc-
tions nécessaires, pour donner à cet établissement
toute l'étendue qu'exige son importance. Les
écuries de ce dépôt seront peut-être les plus belles des haras du royaume.

Les étrangers ne manquent guère d'aller voir

la cathédrale. Le maître-autel est orné de six belles colonnes apportées à grands frais d'Italie; elles supportent un riche couronnement qu'on a eu l'attention de ne pas aller chercher aussi loin : les marbres furent tirés des carrières de Sarrancolin. Cette église ne possède aucun tableau digne d'être cité.

Le commerce qui se fait les jours de marché, est considérable, quoiqu'il ne consiste qu'en échanges de bestiaux et de productions du pays. Ils ont lieu deux fois par mois; il s'y rend ordinairement 15 ou 20,000 habitans, et l'on y fait souvent pour 5 à 600,000 fr. d'affaires.

Il y a peu de chose à voir dans Tarbes; mais le site est si varié, les prairies offrent des promenades si peu fatigantes, l'air y est si pur, que notre insulaire sentait déjà sa mélancolie se dissiper insensiblement aux douces impressions qu'il éprouvait. La vue de cette ville, prise de la route de Bordeaux, le jettait dans un ravissement inexprimable. Il restait en extase sur le tertre de gazon où il était monté. Tarbes semble adossée aux Pyrénées; ses édifices les plus élevés se dessinent pittoresquement sur cette masse de rochers, surtout lorsqu'elle est éclairée par les rayons du soleil couchant.

Les voyageurs qui se rendent aux eaux de

Barèges, Cauteretz, St.-Sauveur et Bagnères, et qui aiment à trouver, dans les auberges, la politesse et la complaisance qu'exigent souvent les maladies dont ils sont affligés, se logent ordinairement à l'hôtel de la Paix chez M. Boyer; à l'hôtel d'Angleterre, chez Mirat; à l'hôtel du Bon-Pasteur, chez Dumestre; à l'hôtel du Grand-Soleil, chez Carrère. Ces quatre auberges sont sur la place du Maubourguet. L'hôtel de France, tenu par M. Buron, est situé sur la place du grand-marché.

On compte cinq lieues de poste de Tarbes à Bagnères. Le service des relais est dirigé par M. Desbeaux. Il y a, en outre, beaucoup d'autres voitures publiques, partant par occasion et à volonté, qui vont sur toutes les directions. (1)

---

(1) *Voituriers de Tarbes.* Dominique Billa, François Picou, Louis Faverot, Chambon fils, rue des Grands-Fossés; Labadens, rue des Capucins; Bernés, près la poste aux chevaux.

~~~~~~

CHAPITRE III.

ROUTE DE BAGNÈRES.

LA route qui conduit de Tarbes à Bagnères
est superbe. Les Pyrénées, vers lesquelles on
s'avance, paraissent très-rapprochées. Le voyageur peut déjà distinguer les gorges profondes
qui sillonnent les flancs de ces sommités escarpées et les grandes masses d'ombre produites
par les noires forêts de sapins ; mais les an-
fractuosités, les sombres vallées, les lacs, les
glaciers, les cascades, les grottes souterraines
sont encore cachés à ses avides regards. Il abandonne ce spectacle sublime pour admirer d'autres beautés qui semblent se multiplier sur son
passage.

Le premier village que l'on rencontre en sortant de Tarbes, est Laloubère. Milord trouvait
les habitations des Pyrénées plus pittoresques,
plus variées que celles de l'Italie, la plupart res-
serrées dans une enceinte de murailles. Ici, les
maisons

maisons ne sont point symétriquement alignées. Distantes les unes des autres, séparées par des bosquets de chêne, elles produisent le même effet que celles de la Hollande dans les tableaux de Teniers ou de Wouvermans. Le parc de M. de Palamini, vaste, planté de beaux arbres, traversé par un canal, mérite d'être vu.

Non loin de Laloubère est le château d'Odos. C'est là que mourut, le 21 décembre 1549, Marguerite de Valois, sœur de François I.er, et femme de Henri, roi de Navarre. Elle cultiva les lettres et fut la protectrice des talens. Valentine d'Assinois fit graver cette épitaphe sur son tombeau, placé à Paris dans le musée des Monumens français :

MUSARUM DECIMA ET CHARITUM QUARTA,
INCLYTA REGUM, ET SOROR, ET CONJUX,
MARGARIS ILLA JACET.

A un quart de lieue de Laloubère, on trouve Horgues. En sortant de ce dernier village, on aperçoit les habitations de Momères. L'étonnement de milord allait toujours croissant. Je lui fis apercevoir à notre gauche, sur la rive opposée de l'Adour, la tour de Barbazan (1),

_____

(1) Arnaud Guillun de Barbazan était sans doute seigneur de ce lieu. Son nom serait probablement dans l'ou-

du haut de laquelle la vue embrasse toute la
plaine de Bigorre.

Le nombre de villages situés sur la rive gauche
de l'Adour ont lieu de vous étonner, lui dis-je;
mais vous serez bien surpris quand vous saurez
qu'ils sont aussi multipliés sur le bord opposé.
Nous avons laissé derrière nous Seméac, Soues
et Salles-Adour. Quand nous serons arrivés à
St.-Martin, Bernac-Debat se montrera à travers le feuillage des arbres qui bordent la rivière.

De St.-Martin à Arcizac il n'y a qu'un pas.
Ce village a vu naître un homme que la reconnaissance nationale a placé au rang des saints. (1)

bli, si son tombeau, conservé à St.-Denis à côté de Tu-
renne et de Duguesclin, ne rappelait ses services et les
regrets de Charles VII (1404). Barbazan fut un des héros
de ce temps, et celui qui contribua le plus à l'expulsion
des Anglais. Vainqueur dans un combat singulier à la tête
de deux armées ennemies (ce qui arrivait plus souvent aux
chevaliers français dans les combats singuliers que dans
les batailles générales, qui demandent plus d'ensemble
et d'habitude d'une discipline exacte), s'il eut le titre de
restaurateur de la monarchie, il eut celui plus glorieux
encore de *chevalier sans reproche*.

Voyage dans les Pyrénées.

(1) En 732, Charles-Martel venait de vaincre le farou-
che Abdérame sous les murs de Poitiers. Les Sarrasius,

sa statue équestre, en marbre blanc, décore le
péristile de l'église. Tous les ans, le 24 mai,
jour de sa fête, les jeunes filles la décorent de
rubans et de guirlandes de fleurs. Dix siècles
n'ont point fait oublier le souvenir de la valeur
et du patriotisme de Mesclin.

Avant d'arriver à la côte de Montgaillard, on
aperçoit sur la gauche un autre village qu'on
nomme Vielle, et sur un plan plus rapproché,
les ruines d'un temple antique. Le lierre rampant
sert de parure à sa vieillesse. On croit que ce
temple était dédié à Diane. Le propriétaire du
champ dans lequel ce vieux débris gît encore,
semble conserver quelque vénération pour ces
tronçons de colonnes qui ont traversé tant de

---

fuyant devant le vainqueur, gagnèrent les Pyrénées et
tâchèrent de s'y maintenir; mais leurs cruautés ayant
exaspéré les habitans, ceux-ci coururent aux armes.
Mesclin, nommé chef de l'armée, court à la rencontre
des Sarrasins réunis dans la plaine au-delà de Juillan,
harangue ses soldats qui brûlaient d'en venir aux mains,
et livre la bataille. Les ennemis furent entièrement dé-
faits et taillés en pièces. Le lieu qui fut témoin de cette
victoire la rappelle encore par son nom, qui s'est toujours conservé comme un monument de la valeur des anciens Bigourdans. Cette plaine se nomme *Lanne-Mou-
rime*, ou *Lande des Maures*.

siècles. Il y avait jadis une inscription ; le maître du champ l'enleva pour y substituer l'image
de St.-Michel; depuis lors, ce monceau de pierres
est appelé l'*Estellou dé san Miqueou.*

Un sourire de satisfaction s'échappait de temps
en temps des lèvres de mon ami. Nulle part il
n'avait vu tant de villages accumulés dans un
espace si peu étendu. --- Nous en comptons dix-
neuf dans ces trois lieues de plaine, et nous en
traversons huit pour nous rendre à Bagnères :
ils sont tous charmans, riches et peuplés. ---
Mais le sol peut-il suffire à la subsistance d'une
population aussi nombreuse ? --- Jetez un coup-
d'œil sur les campagnes : apercevez-vous un
pouce de terrain qui ne soit cultivé ? Les mains
de l'homme n'ont besoin ici, comme dans quelques régions du Nouveau-Monde, que de re-
muer cette terre éminemment végétale, pour la
rendre féconde. Ici, jamais le sol ne repose ; une
récolte succède à une autre récolte. Les plantes
céréales sont-elles enlevées, les plantes légumi-
neuses rampent où jaunissait l'or des moissons.
Voyez le maïs (1), principale nourriture des ha-

---

(1) Ce grain extrêmement précieux par sa fécondité, la
facilité de sa végétation, et la nourriture substantielle
qu'il fournit, n'est connu que depuis la fin du 15.ᵉ siècle.
Voyage dans les Pyrénées françaises.

bitans, croître dans ces champs spacieux qui occupent la plaine et les côteaux : c'est encore une nouvelle récolte que l'agriculteur va entasser dans ses greniers. Avant de couper les épis du maïs, il ramassera les légumes qui grimpent à sa tige. Ne vous étonnez point, milord, nous verrons encore des choses dignes de fixer votre lunette et d'exercer vos pinceaux. Ici, les pay- sans ne sont pas fermiers ; ils sont tous proprié- taires ; aussi, sont-ils fiers, braves, sensés, et, en général, robustes et d'une taille élevée. Mais cette belle plaine, si fertile, qui est maintenant l'objet de votre admiration, serait pour le cul- tivateur une mine inépuisable de richesses, si elle n'était exposée à des désastres périodiques qui détruisent en un instant les plus belles espé- rances. Poussés par un vent d'occident, des nuages chargés de grêle, ravagent presque cha- que année ces campagnes couvertes de riches moissons (1). La misère arrive suivie de la fa-

---

(1) La direction des vents chassés des divers points de l'horizon aux débouchés des Pyrénées, en raréfiant leurs grandes émanations, les assemble, les disperse, les ré- sout en pluie, et les condense lorsque ces montagnes sont couvertes de neige. Un courant habituel les fixe par pré-

miné et de la désolation. L'infortuné cultivateur
n'a plus alors d'autre ressource que la bienfaisance du Souverain. Ses plaintes arrivent au pied
du trône, et la main royale de LOUIS prodigue
soudain les consolations et les secours dans toutes les chaumières du pauvre. Heureuse alliance
du pouvoir et de la vertu, s'écrie milord! heureux les peuples gouvernés par un tel Roi! (1).

La voiture avançait rapidement sur un chemin bien entretenu. Elle ralentit sa marche à
la côte de Montgaillard. La gauche de ce monticule est d'un aspect agréable; sa pente un peu
roide s'étend jusqu'à l'Adour dont on entend le
murmure; elle est plantée de châtaigniers et de
grands chênes qui cachent derrière leur feuillage le village de His. Sur la droite, est le chemin de Visker ouvert sur la colline. Arrivés au

---

férence sur la plaine et les côteaux, dévorés annuelle-
ment par la grêle et les orages.

Voyage dans les Pyrénées.

(1) L'orage du 8 juillet 1816 anéantit les moissons
et amena la disette dans le pays. La bonté du Roi vint
adoucir les effets de ce terrible fléau. Des sommes prises
sur la cassette de S. M. ont été distribuées dans les communes frappées de la grêle.

sommet de la petite montagne, nous découvrîmes le clocher de Montgaillard bâti sur la hauteur, et ressemblant au donjon d'une vieille citadelle.

A peu de distance de Montgaillard, sur la gauche de la route, est un gouffre rempli d'eau, qui est réputé sans fond, dit l'auteur de l'Annuaire statistique, et qu'on croit répondre à un semblable gouffre situé près de la route de Tarbes à Lourdes, à l'approche de cette ville. Ces deux réservoirs d'eau stagnante doivent sans doute leur existence à quelque grand éboulement. Celui que nous avons sous les yeux est une merveille qui ne mérite pas d'être indiquée au voyageur, plus occupé d'admirer le luxe des campagnes, qu'à rechercher minutieusement, et la loupe à la main, tous les petits phénomènes qui se trouvent sur ses pas.

C'est vis-à-vis ce gouffre, objet d'admiration pour le vulgaire, qu'aboutit la route qui conduit à Lourdes. Ce chemin, affreux naguère, peut être compté aujourd'hui au nombre des plus beaux de la France. Les voitures le suivent ordinairement pour se rendre à Pau. De Lourdes, il passe à St.-Pé, à Betharram, célèbre moins par ses grottes que par les nombreux pé-

lerins qui s'y rendent chaque année (1) des can-
tons les plus éloignés du Béarn et de la Bigorre.
Les plus dévots de ces pélerins continuent leur

---

(1) Lorsque nous arrivâmes à St.-Pé, le bruit des miracles d'une madone voisine faisait une grande sensation
dans le pays : la foule des pélerins s'annonçait de loin
par un vieux cantique, fruit de la verve d'un de ces Pin-
dares montagnards. La liberté, la grosse joie offrent des
commodités dont ils savent tirer parti. Le saint qu'ils
vont invoquer est presque toujours à quelques journées
de leur habitation, et la marche salutaire à laquelle
ils se soumettent compense la distance des lieux. La
Lorette du canton de Betharram rassemble des pélerins
d'autant plus scrupuleux des devoirs extérieurs de la
religion, qu'ils se croient quittes par là d'y conformer
leurs mœurs privées. Le commerce, profitant de tout,
y a établi une foire dont les boutiques, abondam-
ment fournies d'ustensiles de piété, de flûtes et de
guimbardes, sont d'un prix proportionné aux facultés
des acheteurs. L'accord des Basques, des Béarnais et des
Bigorrais, leur recueillement religieux au sermon, que
l'orateur le plus dru de la contrée débite d'une voix de
Stentor à l'entrée de la nuit; le silence, le sombre mys-
térieux d'une forêt solitaire près du Gave, semée de figures grotesques placées par intervalles, tout contribue
à faire la plus vive impression sur ces bonnes gens. Le
village de l'Estelle ne pouvant loger tous les fidèles, on
les rencontre pêle-mêle dispersés dans les bois, etc., etc.
Voyage dans les Pyrénées.

route, en caravane religieuse, jusqu'à Notre-
Dame de Héas, petite chapelle, située dans les
chaînes de montagnes appelées vallées de Barèges.

Près de Trebons, le torrent de l'Oussouet
traverse le chemin pour aller se jeter dans l'A-
dour. Ce torrent descend de la vallée dont il
porte le nom. Si vous êtes curieux de sites
agréables, enfoncez-vous dans ces gorges solitaires; gravissez quelques passages difficiles; à
chaque pas vous serez arrêté par des beautés
nouvelles. Cette vallée a deux lieues d'étendue;
son fond est fermé par une espèce de cirque
dominé par le Mont-Aigu, dont les flancs sont
couverts de verdure et ombragés de sapins.
Cette gorge est un des plus beaux aspects qu'offrent les Pyrénées; et les étrangers qui viennent à Bagnères n'en partent point sans la visiter. On peut communiquer de là avec la vallée
de Baudéan, à travers des forêts de sapins. Un
petit village nommé Labassère est construit au
fond du cirque (1). Non loin de là, au pied du

_____

(1) On peut voir, au cabinet littéraire de M. Jalon
à Bagnères, une vue de la vallée de l'Oussouet.

Mont-Aigu, est une source minérale très-abon-
dante (1).

Le village de Trebons que l'on rencontre après
avoir passé le torrent de l'Oussouet, peut être
considéré comme un des plus charmans qui
bordent la route. Il est traversé par le ruisseau
de Lannou, qui abonde en truites délicates (2).

A deux cents pas de Trebons, milord quitta

(1) **Deux** sources coulent au bas de la montagne appelée Pé-det-Soc, limitrophe de celle de Bagnères. L'a-
nalyse des eaux a fourni des sulfures calcaires, dont l'une
surtout est très-chargée de muriate de magnésie et de
sulfate de chaux. Les eaux déposent une traînée considérable de souffre dans leur marche.

L'administration ne saurait mieux faire que d'entre-
prendre des fouilles, travail qui ne peut tourner qu'à
l'avantage de la commune et à l'utilité publique ; peut-
être qu'en creusant et éloignant ces sources de l'eau de
la rivière de l'Oussouet, qui l'avoisinent et s'y mêlent
même dans certaines parties, elles conserveraient quelques degrés de chaleur.

LEBRUN. *Traité des eaux minérales de Bagnères.*

(2) En 1574, les protestans du Béarn vinrent attaquer
les catholiques de la Bigorre. Les premiers étaient com-
mandés par Lizier, qui leva des contributions dans les
villages des alentours de Tarbes pour faire subsister ses
troupes. Celui de Trebons ayant refusé de payer la part
pour laquelle il avait été imposé, Lizier partit de Tar-

sa voiture pour se rendre à une petite chapelle construite sur la droite du chemin. Elle se nomme Notre-Dame de la Hourcadère. C'est dans cette église champêtre que sont déposés les restes mortels de M. de Ségur (1). M.me de Davaux

---

bes dans la nuit pour forcer ce village que le baron de Baudéan, commandant de Bagnères, avait pris sous sa protection. C'est entre Pouzac et cette ville que les deux capitaines se rencontrèrent. Le baron, trompé par le vêtement de Lizier, crut reconnaître St.-Martin, son ami; Lizier s'avance vers lui, et le menaçant d'un pistolet, lui crie d'une voix ferme : *rends-toi, Baudéan.* Celui-ci tire son épée, et marche sur son adversaire, qui, d'un coup de feu l'étendit mort aux pieds de son cheval. Lizier conduit alors son détachement à Trebons, livre le village aux flammes, fait mettre à mort le premier officier municipal, et abandonne le reste à la fureur des soldats.

Les amis du baron de Baudéan vengèrent cruellement cet assassinat sur la personne de son auteur. La fortune cessa d'accompagner le capitaine Lizier. Ses soldats, battus par les nombreux renforts que les catholiques recevaient des environs de Tarbes, l'abandonnèrent à la vengeance des vainqueurs. Seul, il se défendit avec un courage qui n'a pas d'exemple, et succomba enfin, couvert de nombreuses blessures, sous le nombre de ses agresseurs, dans une prairie peu éloignée de Dours, où les soldats l'enterrèrent après lui avoir coupé les oreilles.

(1) Heureux dans la solitude, M. de Ségur ne partagea point les honneurs dont son frère fut comblé sous

son amie, y a fait élever un monument en
marbre du pays. Sur la pyramide qui surmonte
le tombeau, on lit cette inscription :

ICI REPOSE, DANS LA PAIX DE DIEU ,
M. JOSEPH-ALEXANDRE DE SÉGUR, MARÉCHAL-DE-CAMP,
SECOND FILS DE M. DE SÉGUR,
MARÉCHAL DE FRANCE ;
NÉ EN 1766, IL EST DÉCÉDÉ L'AN 1805.
IL SOUTINT L'HONNEUR DE SA FAMILLE PAR LES ARMES ;
IL SE DISTINGUA DANS LES LETTRES,
ET FUT UN DES ORNEMENS DE LA COUR DE FRANCE
PAR SES QUALITÉS AIMABLES ET BRILLANTES.
UNE MALADIE DOULOUREUSE TERMINA SES JOURS,
DANS LES PYRÉNÉES, LOIN DE SA FAMILLE ;
SES LONGUES SOUFFRANCES
Y FURENT ADOUCIES PAR LES SOINS DE L'AMITIÉ,
Nulli flebilior quam mihi.

Pouzac est le dernier village que l'on rencontre avant d'arriver à Bagnères. Sur la droite
est un plateau élevé, appelé le *Camp de César.*

---

le règne de Napoléon. Il cultivait les lettres, tandis que
son aîné brillait à la cour où il remplissait les fonctions
de grand-maître des cérémonies et de premier cham-
bellan. C'est sans doute pour faire connaître la différence
qui existait entre son frère et lui, que le solitaire de la
montagne écrivait au bas de ses lettres : *de Ségur sans
cérémonie.* Il mourut à Bagnères.

On prétend qu'il existe des vestiges de ce camp: *c'est encore là une de ces antiques réputations qui ne doivent être vues que par les yeux de la foi.* Car, quoiqu'en puissent dire les habitans, glorieux d'avoir été visités par ce grand capitaine, rien ne nous prouve qu'il ait dressé ses tentes sur ce plateau. (1) M. de Marca, dans ses savantes recherches sur cette contrée, dit que le port le plus voisin connu des Romains, était celui d'Oleron : il a cru y reconnaître des traces du passage de ce conquérant.

---

(1) Une dame de beaucoup d'esprit, et qui ne croyait guère à l'existence de ce prétendu camp de César, dit à une de ses amies, femme très-crédule, qu'en promenant sur cette colline, le cavalier qui l'accompagnait ayant remué la terre avec sa canne, avait trouvé des débris de casques, de cuirasses et de lances : la bonne dame répartit vivement : Dieu soit loué! vous serez enfin convaincue de cette vérité annoncée par les poëtes; car c'est de César dont Virgile a voulu parler dans ces vers :

> Un jour le laboureur , dans ces mêmes sillons
> Où dorment les débris de tant de bataillons ,
> Heurtant avec le soc leur antique dépouille ,
> Trouvera, sous ses pas, des dards rongés de rouille ,
> Entendra résonner les casques des héros ,
> Et d'un œil effrayé contemplera leurs os.

Trad. de Delille.

Il est très-possible cependant que César soit venu
à Bagnères par curiosité ou pour y rendre la
justice en passant. (1) Quoiqu'il en soit, du
sommet de cette montagne, on jouit d'une vue
admirable sur la plaine de Bagnères : c'est une
promenade fréquentée par les étrangers.

---

(1) Cette assertion est sans doute fondée sur la note
suivante qu'on trouve dans la bibliothèque des romans
grecs traduits en français : « Quelque part qu'aille César-
» Auguste, sur les bords de la mer Caspienne, au pro-
» montoire de Soldéis, ou à l'extrémité de l'Afrique, la
» gloire l'accompagne partout ; témoins les eaux des Py-
» rénées ; les habitans n'osaient pas s'y baigner, main-
» tenant elles servent de bains aux deux continens. »

CHAPITRE IV.

Vue de Bagnères.

Plus on approche de Bagnères, plus la beauté du site augmente : on côtoie, pour ainsi dire, les collines qui insensiblement rétrécissent la plaine ; on marche entre deux palissades de tiges de maïs ; l'horizon est fermé par un insurmontable boulevard de montagnes escarpées. Au bas de la colline appelée Mont-Olivet, est la ville de Bagnères. Déjà le vent frais qui souffle continuellement de la vallée et des gorges voisines, nous apportait son doux parfum ; déjà, à l'aide de la lunette, nous distinguions les délicieuses promenades de la Reine, les bosquets solitaires des Vignaux. Il semble qu'on avance vers les bornes du monde, et que, derrière la ville, il n'y a plus que des rochers stériles ; on ne se douterait jamais que, sur le versant méridional de la montagne d'Asté, dont la pente nous paraît si roide, sont encore de nombreux hameaux, et cette vallée de Campan embellie de toutes les richesses du printemps.

Milord Hodson, ennuyé d'être enfermé dans sa voiture, et sentant déjà l'air des Pyrénées donner plus de ton à ses nerfs engourdis, voulut faire le reste du chemin à pied. --- Donnez-moi votre bras, me dit-il; allons bien lentement : cette perspective est si belle, qu'il faut en jouir jusqu'à satiété! Je ne m'étonne plus que la France soit orgueilleuse de la beauté et de la richesse de ses fertiles campagnes. Roi des mers, l'Anglais navigue en maître sur les vastes plaines de l'Océan; son pavillon flotte dans les régions les plus reculées de l'Asie et sur les bords glacés de l'Amérique septentrionale; ses vaisseaux apportent dans Londres les trésors des deux mondes. Mais combien sont préférables les richesses que l'industrieux cultivateur retire du sol de sa patrie, à celles que nous allons chercher au-delà des mers, en soumettant à notre empire de paisibles tribus chez lesquelles nous portons en échange tous les vices de l'Europe civilisée! Comme l'heureuse situation de Bagnères est agréable! comme ces vertes collines et ces maisons bâties sur le bord des eaux ont un aspect romantique !... Si je devais

résider

résider en France, je choisirais Bagnères pour mon domicile.

Nous arrivâmes à petit pas, et toujours en causant, jusqu'aux premières maisons de la ville. La voiture nous attendait à l'hôtel du Grand-Soleil. Aussitôt, au nom de milord, une nuée de domestiques entoura la calèche ; le maître de l'auberge vint nous recevoir et offrir ses services au riche Anglais, avec une prévenance et une aménité qui étonnèrent mon compagnon de voyage. Soudain, un splendide dîner fut servi dans une salle élégante. Milord mangea de bon appétit et but encore mieux. Il loua les talens des cuisiniers français, et n'oublia point de faire l'éloge du vin de Madiran. Plus gai peut-être qu'il ne l'avait été de sa vie, milord raisonna comme un sage, fuma sa pipe, prit son bowl de thé, et fut se reposer des fatigues de la journée.

CHAPITRE V.

DESCRIPTION DE BAGNÈRES.

BAGNÈRES est de toutes les villes de France où coulent des eaux minérales la plus agréablement située. Vichy, Digne, Balaruc, ne possèdent point ces sites enchanteurs qui procurent aux malades ces distractions variées si nécessaires à la santé. On n'y est pas affligé, comme à Barèges, par le triste spectacle des dégradations menaçantes des montagnes. Bagnères est le lieu de la France où l'on s'amuse le mieux. Rendez-vous et quartier-général de tous les opulens qui se répandent dans les Pyrénées, cette ville peut être comparée à l'ancienne Baïes, délices des Romains, et qui faisait dire à Horace :

Nullus in orbe locus Baiis prælucet amœnis.
Ille terrarum præter omnes angulus ridet.

L'espoir d'y recouvrer la santé, le besoin

de se délasser des travaux et des affaires, attirent chaque année à Bagnères, depuis la paix
surtout, quatre ou cinq mille étrangers qui
viennent respirer la vie avec l'air salubre des
Pyrénées. Les alentours de cette ville facilitent
tous les exercices nécessaires au développement
des forces épuisées. Dans l'intérieur, les étrangers se dépouillent momentanément des prétentions de l'orgueil et de la supériorité, et ne se tiennent pas toujours sur la ligne que le rang et la richesse leur ont tracée. Confondus ensemble, les
favoris de Plutus et les bourgeois sans faste se
précipitent dans les lieux où la folie agite ses
grelots; ils courent, avec la joie de l'espérance,
vers ces sources abondantes, assiégées dès la
pointe du jour par la multitude. La comédie,
toujours instructive; le jeu, quelquefois si funeste; la danse, les promenades, partagent le
temps qu'on ne donne pas à une société dé-
gagée des pénibles bienséances. « Aussi, les mé-
» decins des eaux, observe judicieusement un
» auteur, n'ont eu garde d'abolir des habitudes
» qui se concertent si bien avec leur plan. Ils ont
» l'adresse d'intéresser et de varier les plaisirs,
» prévoyant bien qu'ils seraient les maîtres du
» cœur et de l'esprit de leurs malades. On ne se
» lasse pas sitôt d'un remède dont l'usage est un

» plaisir : le peu de temps consacré aux eaux
» est lui-même un amusement. »

Les géographes ont placé Bagnères sur le
17° 45' de longitude, et sur le 43° 3' de la-
titude. L'Adour coule à l'extrémité orientale de
la ville, et fournit à chaque rue, à chaque
maison, une petite rivière qui entretient partout la fraîcheur et la salubrité.

On ne sera pas fâché de retrouver ici les
vers de Dubartas. Voici comment ce poëte peint
l'heureuse situation de Bagnères :

> Les monts enfarinés d'une neige éternelle
> La flanquent d'une part ; la verdure immortelle
> D'une plaine qui passe en riante beauté
> Le vallon Pénéan, la ceint d'autre côté.
> Elle n'a point maison qui ne semble être neuve,
> L'ardoise luit partout : chaque rue a son fleuve
> Qui, clair comme cristal, par la ville ondoyant,
> Va, toute heure qu'on veut, le pavé balayant ;
> Et bien qu'entre son flot, aussi froid que la glace,
> Et le bain chasse-mal, on trouve peu d'espace,
> Il retient sa nature et ne veut tant soit peu,
> Mélanger, orgueilleux, son froid avec son feu.

La place des Coustous est une promenade au
centre de la ville. Elle est bordée d'un pa-
rapet en marbre. C'est sur cette place que le
beau monde se rassemble ordinairement vers

le soir, et avant d'aller au spectacle ou à
Frascati ; c'est là que l'on se trouve ; c'est
là que les belles convalescentes viennent étaler le luxe modeste du négligé du matin et
la riche parure du soir. Le tableau que présente cette promenade, le dimanche après la
dernière messe, est d'une variété piquante.

Celle des Vignaux, située au nord de la ville,
est peu fréquentée à cause de son éloignement.
Quelques lecteurs seulement viennent s'y étendre
nonchalamment sur la pelouse : ce n'est pas la
promenade à la mode. Les allées de Bourbon, le
chemin de Salut, les routes de Tarbes et de
Campan sont les lieux où l'on se rend fréquem-
ment pendant les belles soirées de l'été.

L'église paroissiale dédiée à St.-Vincent, est
fort ancienne. Son architecture n'a rien de remarquable, et on ne voit dans l'intérieur aucun
tableau digne d'être remarqué.

Les établissemens qui doivent fixer l'attention des voyageurs seront le sujet de chapitres
particuliers. Cependant nous ne pouvons passer
sous silence le cabinet littéraire de M. Jalon. Là,
se réunissent tous les amateurs des beaux-arts.
L'homme qui les cultive peut aisément s'y lier
d'amitié avec des personnes qui partagent ses
goûts, et se procurer, par ce moyen, l'avan-

tage d'échapper à la frivolité des éternelles cau-
series de société. M. Jalon, qui excelle dans
la peinture du paysage, a décoré son cabinet
des plus beaux sites des Pyrénées. En parcourant ses cartons, on fait, sans péril, un voyage
dans toute l'étendue de la chaîne des montagnes, depuis les vallées enchanteresses de Campan et de Bagnères jusque sur les sommets glacés de Vignemale et du Mont-Perdu. Parmi les
ouvrages qui composent la bibliothèque, l'é-
tranger trouve ceux qui traitent des Pyrénées.
On voit ensuite avec plaisir différentes productions des montagnes ; de belles stalactites de
la grotte d'Ilhet, les marbres et le granit du
Cap-Adour, objets toujours intéressans pour
l'homme qui désire connaître et observer.

Bagnères abonde en ressources pour la bonne
chère. Les villages voisins fournissent les marchés de toutes les productions de la contrée.
Des cuisiniers habiles y arrivent de plusieurs
grandes villes : leur science s'accorde avec tous
les régimes. Ils apprêtent de mille manières, et
les truites que fournit le torrent de Lannou,
et l'isard qui fréquente les montagnes désertes.
Le beurre de Campan, aussi vanté que celui
de la Prévallais, paraît sous toutes les formes
dans les repas du matin. Les fermières des en-

virons arrivent avec l'aurore, chargées de cruches remplies d'un lait rafraîchissant et pur. Les vins de Jurançon et de Madiran, ceux de Bourgogne et de Bordeaux coulent à grands flots dans les festins des riches. L'usage des eaux, un air vif, les promenades réitérées, tout concourt à exciter une faim dévorante. On est servi dans les hôtels avec plus de goût et d'abondance qu'il ne semble convenir à des gens qu'on suppose devoir suivre un régime sévère. (1)

Pendant la saison, il se rend à Bagnères des marchands de tous les pays. Dans ce bazar de la mode, on trouve tout ce qu'elle a inventé de plus nouveau, et tous les colifichets, attribuis du luxe et de la richesse, brillent dans des magasins ornés des productions de l'industrie française.

Les amusemens arrivent en foule pendant les quatre mois fortunés de la saison; on voit

---

(1) *Hôtels de Bagnères.* Le Grand-Soleil, chez Miro, maison Ponchet.

L'hôtel de France, chez M.me veuve Uzac.

L'hôtel du Bon-Pasteur, chez M.me veuve Morel.

L'hôtel de la Paix, chez M.me veuve Salles.

Richard, traiteur.

débarquer et disparaître successivement des acro-
bates, des funambules, des aéronautes, des phy-
sicologistes, des artistes de tout genre et des
jongleurs de plus d'une espèce.

La promenade étant un des plaisirs les plus
recherchés par les étrangers, on n'a point négligé les moyens de la leur rendre facile et
commode. On loue des chevaux de main et des
voitures pour se rendre dans les environs. Aussi,
milord, trouverons-nous souvent un escadron
de dames allant visiter les chaumières de Campan; une cavalcade de jeunes fous allant faire
une incursion dans la vallée de l'Oussouet, et des
voitures légères parcourant les routes dans tous
les sens.

C'est en vain qu'on chercherait dans cette contrée, des traces des anciennes mœurs bigor-
raises. L'arrivée périodique des étrangers qui
viennent aux eaux, a insensiblement effacé tout
ce que l'observateur aurait pu en saisir. L'ancien costume des montagnards a disparu pour
faire place à celui des peuples modernes. On
ne voit plus ces énormes jupes de laine qui défi-
guraient la taille élégante des Bagnéraises. Les
femmes ont cependant conservé le *capulet*, petit manteau rouge ou blanc qu'elles placent avec
avantage sur la tête. Quelques-unes portent en-

core le voile de crêpe blanc descendant à longs
plis sur les talons. Les hommes ont quitté l'habit de Henri IV, la fraise ou le rabat, les larges culottes appelées *marines*, le gilet croisé,
l'habit fourré connu sous le nom de veste de
Bigorre, qui avait fait donner le surnom de
pelliti aux peuples de ces montagnes. Les
paysans se coëffent cependant avec le *berret*,
petit bonnet rond, applati, ayant la forme d'un
champignon, qui laisse la tête à découvert et
donne un jeu singulier à la physionomie.

Les jeunes gens de Bagnères sont aujourd'hui
des élégans des grandes cités ; les femmes, des
petites maîtresses maniérées, connaissant tout l'a-
vantage que leur donne la fraîcheur de leur teint
et la régularité de leurs traits. Avec les étrangers,
dit l'auteur du Voyage dans les Pyrénées, sont
venus le goût pour les commodités de la vie et
toutes les douceurs de la société. Ainsi ont pénétré, dans ces contrées autrefois si agrestes,
les avantages de la civilisation avec les mœurs
de toutes les nations de l'Europe.

Voici comment ce même auteur a peint les
habitans de cette ville : « Le peuple, affable et
» prévenant, ingénieux à marquer son empres-
» sement, attend avec impatience le retour des
» saisons des eaux : il faut le voir se mettre sous

» les armes à l'arrivée des étrangers, pour peu
» qu'ils soient recommandables par leurs équi-
» pages, faire assaut de coquetterie et de parure.
» Familiarisés avec eux, les habitans de Ba-
» gnères, ne trouvent rien de pénible dans leurs
» complaisances officieuses. On cherche à plaire
» à ceux qui sont utiles. » On les accuse d'é-
goïsme : c'est une calomnie. La défiance qui les
tient éveillés sur la conduite de quelques aventuriers, a donné le change à ces observateurs :
ils ont taxé d'égoïsme le soin d'échapper aux
ruses des faiseurs de dupes.

Voitures.

Il part tous les jours (de Bagnères à Tarbes) une voiture qui revient le même soir.

Pendant la saison des eaux, il en part une
le soir qui revient le lendemain au matin.

Il y a encore pendant l'été, chez Berot-Sam-
son, près la paroisse, une voiture qui part de
Bagnères pour Pau tous les dimanches au matin, et revient le vendredi.

Foires et Marchés.

Foires. Le lendemain de la Pentecôte, le 25
août et le 11 novembre. Elles durent deux jours.

Les marchés se tiennent tous les samedis, et un petit le mercredi.

On trouve, chaque jour de l'année, une place bien approvisionnée en légumes, poisson, gibier, volaille, beurre, lait, œufs, viande, bois et charbon, etc.

~~~~~~

CHAPITRE VI.

ANTIQUITÉS DE BAGNÈRES.

LE P. Laspales, dans une brochure sur Bagnères, fait remonter l'origine de cette ville à
695 ans avant la fondation de Rome. Cette
assertion n'est appuyée sur aucune preuve. On
prétend cependant que les Romains la trou-
vèrent peuplée. A cette époque si reculée, les
Gaules n'étaient habitées que par des tribus sauvages qui n'ont laissé aucun monument qui
constate leur existence. Les colonies de Phocéens
qui s'établirent à Marseille ; celles qui, selon
Strabon et Appien, vinrent de la Colchide dans
l'Ibérie, apportèrent les arts et le commerce
des Grecs dans le midi de l'Europe. Alors durent commencer les lents progrès de la civilisation. Une portion de cette colonie de la Colchide peut bien avoir passé les monts, et s'ê-
tre établie au nord des Pyrénées ; mais rien

ne l'atteste. Il est plus probable de croire que Bagnères ne commença d'être connue qu'à l'époque où le jeune Crassus, lieutenant de César, eût soumis l'Aquitaine et tout le pays situé entre la Garonne et les Pyrénées. Cependant il paraît que la conquête de la Bigorre ne fut faite que par Messala, ainsi que le prouve Tibulle dans la 8.e élégie du livre I.er, adressée à ce capitaine :

> Non sine me tibi partus honos : Tarbella Pyrene
> Testis, et Oceani littora Santonici.

Maîtres de ces contrées, les Romains, qui mettaient au nombre de leurs habitudes journalières les délices du bain, vinrent préférablement s'établir dans un lieu où les eaux les plus salutaires coulaient en abondance. Des édifices somptueux furent sans doute élevés à Bagnères comme à Nîmes et à Aix : peut-être ces édifices ont été réduits en cendres par les Vandales. Quelques inscriptions ont échappé à leur barbarie, et existent encore pour nous éclairer dans le vague des conjectures. Voilà tout ce qui nous reste de la grandeur romaine dans un lieu qui, peut-être, était couvert des magnifiques ouvrages qu'elle créa.

La ville de Bagnères était déjà fréquentée par les Romains, qui l'appelèrent *Vicus-Acquensis*, à cause de ses bains, ce qui est prouvé par les inscriptions que je vais mettre sous vos yeux.

Le premier monument de l'antiquité que nous trouvons dans cette ville, est un autel votif dédié aux nymphes de Bagnères. Il était autrefois incrusté dans le mur de la maison de M. Adorret, chirurgien. M. Jalon l'a restauré, et l'a plus convenablement placé sur le fronton de la maison.

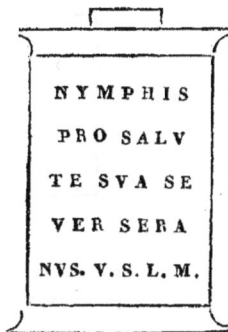

```
NYMPHIS
PRO SALV
TE SVA SE
VER SERA
NVS. V. S. L. M.
```

L'inscription suivante se trouve sur la fontaine d'eau froide près l'ancien portail-devant. Elle est ainsi conçue : (1)

---

(1) Le peuple de Bagnères cherchant à plaire à César, et voulant se concilier ses faveurs, érigea un temple à

```
NVMINI AVGVSTI SACRVM , SECVNDVS

SEMBEDONIS FILIVS NOMINE

VICANORVM ACQVENSIVM È SVO

POSVIT.
```

Le Dieu Aghon, ou de la bonne eau, avait un temple près le village d'Asté. Les deux inscriptions qui suivent, gravées sur des marbres, furent trouvées près de Bagnères :

```
A G H o N I

A. E. O.

G H O N I

A V L I N I

A V R I N I

V. S. L. M.
```

```
A. E. O.

L A B V S I V S

V. S. L. M.
```

Diane, divinité favorite de ce conquérant. Ce temple fut construit sur la place publique. Il changea de destination quand le christianisme s'introduisit dans les Gaules, et fut converti par la suite en une église dédiée à St.-Martin de Tours, dans les murailles de laquelle cette inscription demeura incrustée jusqu'en l'an 1641, qu'elle en fut arrachée pour la transporter sur la fontaine publique.

LASPALES. *Essai historique sur la ville de Bagnères.*

Bullet, dans ses *Mémoires sur la langue celtique*, dit que Aghon était une fontaine divinisée. AGH, *eau*; ON, *bonne*; AGHON, *bonne eau*; et le président d'Orbessan, si familier avec les anciens, explique ainsi la dernière ligne : *Vivens sanus luit merito*, ou bien *vita salva*, ou *servata luit merito*.

La troisième est sur un des pilastres du jardin de M. d'Uzer. Elle fut trouvée dans des ruines de la montagne de Pouzac, et s'adresse au père des Gascons :

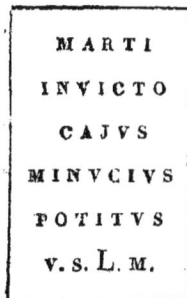

> MARTI
> INVICTO
> CAJVS
> MINVCIVS
> POTITVS
> V. S. L. M.

L'habitant des montagnes, paisible dans ses habitations champêtres où il avait trouvé un asile, rendit un hommage religieux aux rochers qui le garantissaient d'une invasion étrangère. Son culte prouve la simplicité et la douceur de ses mœurs. Une inscription trouvée à Baudéan énonce clairement la consécration d'un autel votif aux montagnes. Elle est rapportée dans une

une dissertation de M. le président d'Orbessan, page 295, tome II.

> NOS FECVNDA MANVS VIDVO MORTALIBVS ORBE
>
> PROGENERAT, NOS ABRVPTÆ TVNC MONTIBVS ALTIS
>
> DEVCALIONÆ CAVTES PEPERERE.

Quelques savans, adoptant l'existence des volcans éteints, dont le nombre, selon M. de Buffon, surpasse cent fois ceux qui sont enflammés, ont cru trouver l'étymologie du nom des Pyrénées dans le mot *pur* ou *pyr*, *montagnes de feu*. D'autres attribuent l'origine du nom de ces montagnes à l'embrasement des forêts qui les couvraient, événement rapporté par Strabon, livre XV, page 733. Laissons toutes ces savantes conjectures : la fable, qui embellit tout par ses ingénieuses fictions, vient ici au secours de l'histoire. Ecoutons Silius Italicus raconter celle de la malheureuse Pyrène.

« Le père des Gascons, Hercule le Phéni-
» cien, se rendait dans les vastes campagnes du
» triple Gério. Près de Bebsice, il laissa la dé-
» plorable Pyrène déshonorée. Un dieu, s'il est
» permis de le croire, un dieu fut la cause
» de la mort de cette infortunée. A peine s'é-

» tait-elle aperçue qu'elle avait donné le jour
» à un serpent, qu'elle frémit d'horreur en se
» représentant l'indignation de Bebsice; et, toute
» troublée, elle renonça aux douceurs de la
» maison paternelle. Alors, retirée dans les an-
» tres solitaires, elle pleura la nuit qu'elle avait
» passée avec Hercule, et raconta aux sombres
» forêts les promesses qu'il lui avait faites. Gé-
» missant ainsi de la passion de son indigne
» ravisseur, elle fut déchirée par des bêtes fé-
» roces. En vain lui tendit-elle les bras et l'ap-
» pela-t-elle à son secours..... Hercule, revenant
» victorieux, aperçoit ses membres épars, les
» baigne de ses pleurs, et, tout hors de lui,
» ne voit qu'en pâlissant le visage de celle qu'il
» avait aimée : les cimes des montagnes, frap-
» pées des clameurs du héros, en sont ébran-
» lées. Dans l'excès de sa douleur, il nomme en
» gémissant sa chère Pyrène. Soudain, il réunit
» ses membres dans un tombeau qu'il arrose
» pour la dernière fois de ses larmes, et per-
» pétue ainsi la mémoire de son amante, dont
» le nom vivra à jamais dans ces montagnes. »

Nous ne répéterons pas ici les fables ridicules
rapportées par Xavier Salaignac, dans une dissertation intitulée : *Première cure des eaux de
Bagnères*. Là, c'est le dieu Mars blessé par

Diomède au siége de Troie, et guéri à Bagnères ; ensuite Vénus et Hébé fondant cetle
ville ; les Pyrénées arrangées circulairement par
ces déesses, et le dieu Mars, parfumé avec
de la poudre à la Dauphine, présidant à ces
travaux, etc.

————————

CHAPITRE VII.

Manière de vivre a Bagnères.

Le premier soin qui occupe les étrangers en arrivant dans cette ville, et celui qui doit nous occuper également, milord, c'est de se loger. L'homme qui aime le faste prend ses logemens dans les belles maisons construites sur la promenade des Coustous, dans celles qui sont sur les places d'Uzer et aux Grains; celui qui préfère la solitude et la tranquillité au tumulte du grand monde, cherche les siens dans les quartiers éloignés. Partout on en trouve de bien meublés.

Il y a, en général, trois manières de se loger et de vivre à Bagnères.

Les personnes qui y viennent seules, la plupart de celles qui ne s'y proposent qu'un séjour momentané, ou qui veulent s'exempter des embarras du ménage, se logent ordinairement dans les auberges dont j'ai parlé dans le chapitre V.

Les gens du premier rang, et ceux qui tien-

nent table, ou qui veulent vivre en famille où
en société choisie; ceux qui aiment à vivre en
particulier, ou à avoir une table servie à leur
gré, soit pour la délicatesse et l'abondance, soit
pour des raisons de santé, prennent de vastes
logemens. Les habitans emploient volontiers une
partie de leurs revenus à rendre leurs maisons
plus commodes et mieux meublées. Ainsi chaque
année, ce lieu change à son avantage par les
augmentations et les embellissemens.

On trouve encore des logemens moins spacieux et moins beaux, proportionnés aux différens trains et aux goûts des personnes de toutes
les conditions.

Il y a aussi d'autres maisons bien meublées
pour des compagnies moins nombreuses, qui
y tiennent leur ménage et font faire la cuisine.
Les propriétaires cèdent la vaisselle, le linge,
et tout ce qu'ils peuvent fournir aux personnes
qui logent chez eux. Officieux et honnêtes en-
vers les étrangers, ils sont toujours prêts à leur
rendre de bonne grâce les services dont ils sont
capables.

Voici la troisième manière de se loger. Les
étrangers qui n'aiment pas le tracas des auberges, prennent des appartemens chez les bourgeois, et se font apporter à manger par les

traiteurs, ou vont dîner au restaurat, pour avoir l'agrément d'y faire des connaissances qui ne lient point et n'assujétissent à rien. C'est là qu'on jouit des conversations les plus originales, car la compagnie y est formée de citoyens de tous les pays, et se renouvelle presque chaque jour.

Plusieurs établissemens de bains ont aussi des chambres pour les étrangers. Celles-là sont d'un grand avantage pour les malades. On peut, sans sortir de chez soi, et sans s'exposer à l'air toujours froid, surtout le matin, on peut, dis-je, prendre son bain et se remettre chaudement dans son lit. Une personne délicate et soigneuse de sa santé, ne doit point négliger cette précaution.

Dans l'établissement de Théas, appartenant à M. le chevalier de Jaulas, on compte un grand nombre de lits de maître.

La classe la moins fortunée peut se rendre à Bagnères sans craindre une dépense qui l'en éloigne quelquefois. Dans des auberges d'une moindre apparence, on est logé et nourri pour des prix très-modiques. Quelques maisons bourgeoises prennent même des pensionnaires.

Le prix des logemens varie d'une saison à l'autre, et dans les diverses périodes d'une même saison. Ces prix sont subordonnés à l'affluence

des étrangers qui arrivent pendant l'année ; ils
sont moins chers au commencement de mai :
ils augmentent et se soutiennent jusqu'à la fin de
septembre, et diminuent insensiblement vers la
fin d'octobre, époque à laquelle les étrangers
quittent la ville.

Maisons où peuvent loger des étrangers de distinction.

M.ᵐᵉ Veuve Decamps.	MM. Pécantet, nég.ᵗ
Veuve Bellegarde.	Hyacinthe d'Uzer.
Veuve Lasserre.	Achille d'Uzer.
MM. Darnaud.	De Jaulas.
Duffo.	Jalon.
De Torné.	Veuve Soubies.
Victor.	Lasserre.
Graciette aîné.	Pinac, médecin.
Ramonet jeune.	Veuve Comères.
Perez.	Comet.
Drouilhet.	Dumoret, médecin.
De Sauviac.	Daries.
Menon.	Barrau.
Boé.	Veuve Montagut.
Destrade.	Veuve Rivière.
Veuve Dumont.	Bonnet.
Latour.	Pambrun, profess.
Gaye.	Berrot-Lagarde.
Rousse, présid.	Garrens, et autres.

Les personnes qui se plaisent mieux à la campagne qu'au milieu du tourbillon du monde, trouvent également des maisons dans les environs de Bagnères.

Ordinairement on prend les bains le matin, pour être libre le reste de la journée. Pour ne point s'exposer au froid, les dames et les malades se servent de chaises à porteurs (1). Comme l'affluence est grande à la porte des établissemens thermaux, et qu'on est souvent obligé d'attendre qu'il y ait des baignoires vides, on peut s'assurer d'un bain pour une heure donnée. La mode, ce tyran qui se glisse partout, jusque chez les malades, veut qu'on se rende au bain en habit négligé. Vous savez que le Français obéit aveuglément à ses décisions. Mais il a su attacher un espèce de luxe à cette toilette qui paraissait devoir en être exempte. Aussi, avouez, milord, que cette parure sans apprêt, n'est pas sans élégance. Une jolie femme nous semble plus intéressante sous un modeste chapeau, et enveloppée dans une ample capote d'une blancheur éblouissante.

Les malades peuvent s'adresser à M. le mé-

---

(1) Voir, dans le chapitre dernier, le tarif annexé à l'arrêté de M. le préfet.

decin-inspecteur des établissemens thermaux,
pour les guider dans l'usage qu'ils se proposent
de faire des eaux minérales. Ils trouveront encore
à Bagnères d'autres médecins, parmi lesquels
un professeur connu.

Les malades devraient aussi se munir d'une
consulte du médecin ordinaire de leurs maladies,
afin que ceux du lieu fussent mieux à portée
de connaître leur tempérament.

Le meilleur moyen d'acquérir le droit de
faire des connaissances, c'est de visiter les
étrangers. Milord Hodson, un peu ennemi de
l'étiquette, trouvait, dans ces obligations de
convenance, une gêne continue. --- Il n'y a en
cela aucune gêne, lui répondis-je. Les premières
visites ouvrent le chemin aux liaisons, et n'o-
bligent qu'à montrer un air de bienséance et de
bonté, lorsqu'on se rencontre aux eaux ou aux
assemblées. C'est alors qu'on a la liberté d'abor-
der les personnes connues, et de se faire présenter
à celles qu'on désire connaître. La joie et les plai
sirs doivent concourir au succès des eaux, il faut
donc que la liaison entre les étrangers devienne
aussi facile qu'elle l'est dans ce lieu. Nous devons
nous considérer ici comme dans une république
dont les membres vivent entre eux sans avoir
égard à l'inégalité des conditions, et dont le but

principal ne doit viser qu'au plaisir et à la dissi-
pation. Les visites entre inconnus, autorisées
par l'usage, sont le premier pas pour ces sortes
de connaissances. D'ailleurs, on se borne à
l'étiquette : on ne se cherche point, et l'on se
quitte sans difficulté. Ceux qui aiment la solitude, peuvent facilement suivre leur penchant :
assez d'agrémens sont répandus dans les environs de Bagnères.

A Spa, où, comme à Bagnères, il se rend
beaucoup de personnages distingués, on im-
prime la *liste des étrangers* qui arrivent. Cet
usage, qu'on a cru d'une utilité générale dans
la première ville, vient d'être introduit dans
celle-ci. --- Elle a sans doute été imaginée, me
dit milord, pour conserver les fastes des saisons,
et pour faire connaître les grands et la multitude que les eaux attirent à Bagnères ; peut-être
même pour flatter la vanité de ceux qui n'y
viennent que pour se faire imprimer --- Vous
vous trompez, milord ; cette liste procure un
agrément aux nouveaux arrivés, en leur faisant
connaître les individus qui se trouvent à Bagnères, et réciproquement celui d'annoncer aux
premiers venus les recrues de chaque jour.
Vous allez être convaincu de son utilité ; nous
en fournissons nous-mêmes la preuve. Vous

arrivez : cette ville est peuplée de gens de tous
les pays; mais peut-être parmi ces inconnus
est-il quelque ami que vous croyez bien éloigné
des Pyrénées. Voulez-vous vous en assurer ?
allez consulter la liste. Votre surprise est ex-
trême en y trouvant des personnes avec lesquelles vous pouvez renouer connaissance. Cette
liste qui vous paraît un objet futile, renferme
cependant de grands avantages. Il serait à désirer que ces archives annuelles fussent déposées
à Frascati, ou au cabinet littéraire de M. Jalon,
et qu'il en fût distribué, chaque jour, des exemplaires dans les auberges et lieux publics.

~~~~~~~~~~~~~~~~~~~~~~~~~~~~~~~~~~~~~~~

CHAPITRE VIII.

———

EAUX THERMALES - MINÉRALES.

PENDANT que mon compagnon de voyage
fait connaître l'heureux état de sa santé à ses
amis d'Angleterre, ou qu'il voyage, avec Ramond, dans la région la plus élevée des Pyrénées, indiquons aux étrangers les différentes
sources de Bagnères, avec le degré de chaleur
de chacune d'elles. Nous avons consulté plusieurs tableaux dressés à des époques différentes;
ils nous ont tous présenté des résultats opposés.
Cela établirait-il, comme dit le savant auteur
des *Observations sur les Pyrénées*, ou que le
degré de chaleur de ces sources peut éprouver
des variations, ou que les thermomètres étant
ordinairement peu comparables, on a dû trouver
peu d'accord entre les observations de ce genre
faites en différens temps ? Nous produirons donc
un état qui nous a été transmis par M. le

médecin-inspecteur, et rédigé d'après de nouvelles expériences. (1)

On compte dans cette ville et sur les côteaux qui l'avoisinent, vingt-quatre sources. Il en existait autrefois qui ont cessé de couler, et il serait facile d'en découvrir de nouvelles.

Plusieurs de ces établissemens ont des jardins qui servent de lieux de repos aux personnes qui vont prendre les bains. Parmi ceux qui méritent d'être distingués, on cite celui de M. Desmaretz. Un joli kiosk, des ponts élégamment construits, des eaux qui s'élancent en gerbe, des berceaux touffus, une serre qui renferme une quantité de plantes indigènes et exotiques : il semble qu'on a épuisé dans ce jardin toute la corbeille de Flore. Celui de M. de Jaulas doit être cité comme un jardin anglais très-agréable.

---

(1) On pourrait diviser les eaux thermales de Bagnères en deux classes bien distinctes, eu égard à leur température ; les unes étant très-chaudes et les autres tempérées ; les premières sont celles qui sont les plus rapprochées du réservoir commun, situé du côté de la montagne de la Reine, d'où elles paraissent toutes provenir ; les secondes en sont assez éloignées pour perdre beaucoup de chaleur dans le trajet souterrain qu'elles parcourent, et pendant lequel elles se mêlent probablement aux eaux pluviales qui imbibent le terrain.

LABOULINIÈRE. *Annuaire statistique.*

ÉT*A*T des Sources minérales et thermales de Bagnères, avec le degré de température de chacune d'elles.

———

Les bains marqués d'un astérisque appartiennent au Gouvernement.

NOMS des BAINS.	NOMBRE DE SOURCES ET DEGRÉS de température.	NOMBRE de BAIGNOIRES.	DOUCHES.	FONTAINES où L'ON BOIT.
* La Reine.....	1. source. 40. d.	3.	5.	La Reine.
Bellevue.....	1. 39.	8.	4.	»
Le Dauphin.	1. 36.	2 piscines.	»	»
* Fontaine-Nouv..	1. 36.	2.	1.	»
* Foulon......	1. 28.	2.	»	»
Cazaux......	2. 40. 29.	5.	2.	»
Roc-Lanes...	1. 33.	2.	1.	»
Théas........	1. 39.	3.	2.	»
Lagutère.....	1. 30.	8.	1.	»
* Petit-Bain...	1. 39.	5.	2.	»
Maura........	2. 40. 28.	2.	»	»
Lasserre.....	2. 30. 28.	3.	»	Lasserre.
Pinac........	3. 35. 30. 28.	5.	»	Pinac.
* Petit-Prieur (1)..	1. 29.	2.	»	»
Versailles ...	2. 29. 26.	4.	»	»
Santé........	2. 19. 27.	6.	»	Grand-Prieur.
Carrère-Lanes...	2. 26. 30.	4.	»	Carrère-Lanes.
Grand-Pré...	1. 28.	4.	»	Grand-Pré.
Lapeyrie	1. 20.	3.	»	»
Salut.........	2. 25. 26.	8.	»	Salut.
Salies........	1. 47.	»	»	Fontaine ferrugineuse *dite* Fontaine d'Angoulême.

(1) Le bain du Petit-Prieur, situé dans une vieille masure, vis-à-vis l'hospice, auquel il appartient, sera réparé et reconstruit avant l'époque de la saison, afin que les étrangers puissent en jouir cette année.

L'appareil fumigatoire du docteur *Galès* est placé dans la maison de M. Ganderax, inspecteur des eaux thermales de Bagnères.

Les hommes qui exercent l'art de guérir connaissent les succès que le docteur Galès a obtenus par les fumigations sulfureuses appliquées au traitement des affections cutanées et de plusieurs autres maladies.

Un cours d'accouchement vient d'être établi à Bagnères par les soins de l'administration. Ce cours, consacré à l'instruction des sages-femmes du département, n'est pas très-suivi. Il faut espérer que les habitans reconnaîtront un jour les avantages qu'ils doivent retirer de cette instruction.

On s'occupe avec zèle de l'établissement d'une école d'enseignement mutuel, qui sera placée près l'hôpital.

~~~~~~

CHAPITRE IX.

FONTAINE FERRUGINEUSE D'ANGOULÊME.

LA découverte de cette fontaine date de l'an
1802. Nous la devons à MM. Lameyran, docteur en médecine, et Doux, pharmacien. Elle
est située au sud-ouest de la ville, dans un
ravin descendant d'une montagne communale,
à une hauteur d'environ 150 mètres au-dessus
du niveau de Bagnères. Le terrain qui renferme
la source ne paraît être que de la terre ar-
gileuse ; cependant on trouve dans la montagne plusieurs veines de mine de fer. Le volume d'eau minérale n'est pas très-considérable ;
mais on l'a augmenté en réunissant les ruisselets
qui surgissent sur le même point.

En 1803, M. Berot, docteur en médecine,
fit part de cette découverte au conseil municipal, qui ne tint aucun compte d'un objet
aussi important.

Quelque temps après, M. Delpit, docteur en
médecine,

médecine, aujourd'hui nommé par le Roi médecin en chef de l'hôpital de Barèges, visitant les établissemens thermaux des Pyrénées, vint à Bagnères. Il prit des renseignemens sur les sources minérales de cette ville. M. le docteur Berot, auquel il s'adressa, l'assura qu'il connaissait une fontaine ferrugineuse négligée jusqu'à cette époque. Voulant s'assurer du fait, ces docteurs se rendirent sur les lieux, accompagnés de M. Doubrère, pharmacien, et de M. l'inspecteur des eaux minérales. L'effet produit sur cette eau par les réactifs qu'ils employèrent, leur prouva que la découverte faite par MM. Lameyran et Doux était réelle.

M. Ganderax en instruisit alors M. le comte de Castelpers, sous-préfet; il lui exposa les résultats avantageux que cette eau pourrait produire; demanda et obtint de M. le préfet l'autorisation de faire exécuter les travaux nécessaires pour que cette source pût être employée immédiatement.

Enfin, le conseil municipal, par sa délibération du...... supplia S. A. R. MADAME, duchesse d'Angoulême, de permettre que la nouvelle fontaine portât son nom. Cette auguste princesse a agréé avec bienveillance la demande du conseil.

L'eau de la nouvelle source fut soumise à l'analyse. Des expériences ont été faites par M. Rozières, pharmacien à Tarbes; elles coïncident avec celles du savant M. Vauquelin. Ce dernier y a trouvé:

1.º De l'oxide de fer ;

2.º Du carbonate de potasse ;

3.º Une matière végétale brune, unie, et rendue en partie soluble dans l'eau par le carbonate de potasse ;

4.º Une petite quantité de carbonate de chaux ;

5.• Du muriate de potasse ;

6.º Un peu de silice.

C'est le fer qui domine dans le résidu; il devait être tenu en dissolution dans l'eau minérale par l'acide carbonique qui s'est dissipé pendant l'opération.

L'alcali doit être aussi uni à l'acide carbonique.

La substance végétale doit être aussi dissoute à la faveur du carbonate de potasse.

Cette eau minérale appartient essentiellement à la classe des eaux ferrugineuses ; les muriate et carbonate de potasse qu'elles recèlent peuvent encore ajouter à ses qualités médicinales.

L'usage de cette eau, prise intérieurement,

paraît agir en portant une sorte d'astriction sur les fibres du solide vivant ; aussi elle a été administrée avec avantage dans l'état de l'axité générale ou partielle, et principalement lorsque l'estomac était frappé d'atonie dans l'amenorrhée, suivie d'un état chlorotique, où tout annonce un défaut de vitalité dans l'universalité des organes.

M. le comte de Milon-de-Mesne, préfet des Hautes-Pyrénées, toujours empressé d'adopter les moyens qui peuvent augmenter la réputation des établissemens thermaux de son département, ordonna l'exécution des travaux projetés, et n'a cessé depuis lors de les activer autant que les circonstances ont pu le lui permettre.

Le bâtiment aura la forme d'un temple antique. L'inscription suivante sera gravée sur le fronton :

A LA FILLE DE LOUIS XVI.

Et dans l'intérieur, on lira ce vers latin :

HUIC FAVET ILLUSTRIS NOSTRORUM FILIA REGUM.

Les arbres plantés en demi-cercle sur l'élévation qui domine la voûte, le couronneront de leur feuillage. Il sera achevé pour la saison.

On ne doute pas que les cures déjà opérées par les eaux de cette source, n'attirent un grand nombre d'étrangers à Bagnères.

Telle est, milord, l'histoire de cette source. Elle a été un peu longue peut-être; mais je sais que tout ce qui peut apporter du soulagement à l'humanité vous intéresse et ne vous est point étranger. Les travaux qui ont été commencés et finis cette année, donnent lieu à quelques réflexions; il ne sera pas inutile de vous en faire part.

Quand il s'établit une lutte d'émulation entre l'autorité supérieure et l'autorité locale, il doit résulter de ce combat une victoire avantageuse pour le pays qui en est l'objet. La première, avec des ressources infinies, étend ses bienfaisantes conquêtes et exécute de grands projets; la seconde, avec des moyens plus bornés, mais animée de cet amour du bien public qui enfante des prodiges, s'occupe des petits détails, et tâche d'embellir une ville qui devient, pendant six mois de l'année, le rendez-vous des riches de l'Europe. A la voix de ces autorités, entre lesquelles règne tant d'harmonie, ces lieux changent de face comme s'ils étaient frappés par la baguette magique d'Armide : des bos-

quets délicieux ombragent un ravin naguère
inculte et solitaire ; des établissemens utiles s'é-
lèvent où gisaient des chaumières inhabitables.
Il n'est pas un fonctionnaire qui ne rivalise de
zèle avec ses collègues. M. Gautier - d'Hauteserve, sous-préfet, se distingue surtout par son
empressement à favoriser de tout son pouvoir
l'embellissement de Bagnères. L'éloge de ces
fonctionnaires est écrit sur les monumens qu'ils
ont entrepris : ces monumens attestent seuls leur
patriotique sollicitude.

Je suis venu à Bagnères dans les premiers
jours de février. Les allées Bourbon étaient
abandonnées. Le zèle qui anime M. le chevalier Dufour-d'Antist, ses adjoints, et les com-
missaires qui le secondent dans ses opérations,
va leur rendre leur ancien lustre. En quinze
jours, un chemin a été tracé, ouvert sur les
flancs de la montagne, pour arriver facilement
à la fontaine d'Angoulême. On y a ménagé des
points de repos commodes et agréables. Maintenant, milord, que votre imagination achève
ce qui reste à faire à la nature. Peuplez ces
allées de ce que la société a de plus brillant ;
donnez à ces tilleuls leur feuillage touffu , à ces
bancs de gazon leur tapis de verdure; à ces
prés leur émail; à ces champs leurs épis do-

rés : tel sera le magnifique tableau de ce paysage jadis si triste, et l'aspect enchanteur de ces allées auxquelles on ne pouvait attacher un souvenir plus cher qu'en les nommant *Allées d'Angoulême.*

Les travaux que fait exécuter M. le maire ont un double avantage, celui de procurer de nouveaux agrémens aux étrangers, et celui d'occuper une multitude d'indigens pendant la saison la plus rigoureuse de l'année. Comme la fontaine d'Angoulême attire vers sa source un grand concours, il n'est pas étonnant qu'elle soit le but principal des travaux. M. le maire vient de faire ouvrir un nouveau chemin pour y arriver; il est pris à la route de Tarbes : ainsi vous voyez que les promenades seront assez multipliées à Bagnères : il ne nous restera que l'embarras du choix.

CHAPITRE X.

Bains de Salut.

Ils sont situés à un demi-quart de lieue de la ville, dans un vallon charmant. Deux chemins y conduisent. Le premier, le plus fréquenté, est large, bien entretenu, et bordé de peupliers; ses contours sinueux changent souvent l'aspect de la scène. Le second, plus solitaire, présente des points de vue plus pittoresques. On le trouve à droite du pont. L'établissement des bains est construit au pied de la montagne. C'est là que la naïade prodigue le tribut de son urne bienfaisante. Une petite place plantée de tilleuls termine l'avenue.

Le chemin de Salut est la promenade que recherche l'observateur. Le contraste des scènes de la campagne et des scènes du monde lui fournit des tableaux variés. Chaque heure du jour y a ses jouissances. Le matin, s'il suit le chemin du vallon, le penseur y jouit d'un silence qui n'est interrompu que par le murmure des eaux qui descendent de la montagne; le peintre y rencontre des paysages multipliés; à midi, on vient y chercher l'ombre et la fraîcheur sous les arbres qui le bordent; le soir, le grand chemin devient le rendez-vous de tout le beau monde : c'est alors un tableau mouvant dont les personnages varient à chaque instant, et qui, donnant le change à une imagination triste et morose, concourt, autant que l'efficacité des eaux, à rendre un malade à la santé.

Est-il rien de plus enchanteur que ce vallon de Salut ? Où trouver une verdure aussi fraîche, aussi variée ? Ces rochers couverts de mousse, ces beaux arbres qui ombragent tant de ruisseaux serpentant dans les prairies; ces maisonnettes que le philosophe choisirait avec plaisir pour asile, tout ce qu'on voit enfin sur la route de la fontaine répand dans l'ame un charme qu'il est impossible de définir.

Nous montâmes à Salut vers le soir, heure où le chemin se couvre de ce que Bagnères renferme de plus élégant. Asseyons-nous sous ces

arbres, nous dit milord, et examinons tous les
êtres que le hasard et la curiosité attirent dans
ces lieux. Ah! dans cette réunion d'hommes,
que de réputations usurpées! que de mérites
cachés sous de modestes habits! que de vices
cachés sous le manteau de la vertu! Ces groupes
nombreux animent et embellissent le paysage.
Si j'avais le crayon de Vernet, je peindrais cet
élégant qui monte un cheval fougueux dont les
bonds épouvantent les promeneurs; ces jeunes
fous conduisant un wiski léger, et se plaisant
à nous couvrir d'un nuage de poussière; au
coin du tableau, je placerais cette belle mélancolique à demi penchée sur le gazon, et laissant
couler d'abondantes larmes sur une lettre qu'elle
ne cesse de lire; au pied de ce rocher, je peindrais cette beauté surannée qui parle à tout le
monde de ses vapeurs et de sa sensibilité, qui
se plaint à la fois et de la fraîcheur de l'air
et des feux du soleil; je n'oublierais point ce
Mondor au ventre rebondi, qui affecte les airs
d'un jeune homme, relève avec grâce sa touffe
de cheveux d'emprunt, salue tout le monde,
pour que tout le monde fasse attention à lui.

Tel est le tableau de Salut. Les ridicules abon-
dent partout où la richesse et la fatuité s'in-
troduisent.

Lemierre peignit d'autres travers en parlant de Salut. Un passage de son poëme ne sera point déplacé dans ce chapitre :

. . . . . . Je vois. . . . .
Rose décolorée et qui vient, languissante,
Refleurir dans le sein de cette eau bienfaisante ;
Un hypocondre anglais par le splen consumé,
Un livide espagnol par la bile enflammé ;
Le chanoine amaigri , scandale du chapitre,
Les vaporeux titrés, les vaporeux sans titre.
Ne croyez pas pourtant que la source des bains
Ne prodigue ses flots qu'à d'infirmes humains ;
Souvent le plus plaintif n'est pas le plus malade.
Il est des maux d'emprunt, des langueurs de parade ;
Un peuple féminin que Sénac fatigué,
Exprès pour s'en défaire aux bains a relégué.
D'autres vont d'habitude à cette eau salutaire,
Humecter tous les ans leur chef visionnaire,
Plus d'un oisif y vient pour guérir son ennui,
Sans songer au secret d'en préserver autrui.
Toutefois, au milieu de ces fous aquatiques,
Sont esprits amusans, charmantes lunatiques,
Qui, malades par air, faites pour le plaisir,
Se départent souvent du projet de languir.
Un nouveau Céladon a suivi sa bergère :
Céliante alléguant un mal anniversaire,
Et pour fuir par semestre un importun mari,
Dans l'onde, autre Syrinx, a cherché cet abri.
C'est souvent l'amitié, sensible avec courage,
Qui sert le cacochyme et se met du voyage.

Abandonnons Lemierre et ce théâtre, qui ne sont ni l'un ni l'autre dépourvus de charmes. Consacrons quelques instans aux merveilles de ce vallon. Les scènes du monde étourdissent, celles de la nature ne fatiguent jamais.

Milord m'entraîna dans l'établissement des bains. Nous admirâmes ces eaux tombant constamment en colonne transparente dans des bassins de marbre blanc, propres et commodes. Il y a à Salut trois sources et huit baignoires ; savoir : les deux petit Salut, le grand Salut, le bain de famille, le petit bain, le grand Dauphin, le petit Dauphin, et le bain d'en-haut.

Nous gravîmes ensuite sur les hauteurs qui dominent le vallon. Milord, à l'aide de sa lorgnette, s'amusa long-temps à considérer les flots de promeneurs se perdant dans les sinuosités de la route et reparaissant ensuite sur les plans élevés. Il n'est pas que je sache un paysage plus charmant que celui du vallon éclairé par la lumière de la lune. Des masses d'ombre en obscurcissent une partie, tandis que les rayons de l'astre des nuits se glissant entre les arbres, répandent leur pâle clarté sur le velouté des prairies. Partout un silence profond : aucun vent ne le trouble, pas un brin d'herbe n'est agité ; seulement par intervalles, l'écho répète les sou-

pirs du rossignol qui semble nous annoncer
ses regrets en quittant ce lieu de délices, témoin de ses amours.

~~~~~~

CHAPITRE XI.

Bains de la Reine.

Ce bain fut construit, dit-on, par les ordres de la reine Jeanne de Navarre. La source qui l'alimente est la plus abondante de celles de Bagnères; son exposition est aussi la plus belle. Elle n'est point, comme celle de Salut, enfoncée dans un vallon solitaire, fermée par des montagnes qui se perdent dans les nues. La fontaine de la Reine surgit à gros bouillons sur un amphithéâtre qui domine la ville et la campagne.

Si vous montez à la source un dimanche avant le coucher du soleil, vous jouirez d'un spectacle qui contraste singulièrement avec celui de Salut. On y arrive par un chemin bien ombragé. L'amphithéâtre est composé de plusieurs plate-formes qui en sont les gradins, toutes tapissées de verdure, et décorées par des bos-

quets touffus. Sur votre route, vous rencontrerez la source de St. Roch, les bains du
Dauphin, ensuite ceux de Bellevue. Là, vous
entendrez une musique champêtre. Ne vous re-
butez point, milord ; entrez. Vous avez vu les
bals du bon ton ; venez être témoin de la joie
du peuple. C'est dans la Courtille de Bagnères
que vous allez être introduit sans cérémonie,
moyennant la modique rétribution de cinq cen-
times.

Nous entrons dans une vaste salle où l'on ne
voit aucune décoration. Milord reste stupéfait.
Il contemple tour à tour ces Bagnéraises si fraî-
ches et si jolies, et ces danseurs vigoureux et
infatigables, sautant, bondissant, se tremous-
sant, sans égard pour la cadence, au son du
violon et du galoubet.

Le tambourin de Bigorre diffère de celui de
Provence. C'est une espèce de guitare longue, à
quatre cordes. Le ménétrier la tient avec son
bras gauche, qui lui sert en même temps à
porter son galoubet à la bouche, tandis que sa
main droite fait vibrer les cordes de la guitare
par les coups mesurés d'une petite baguette. Ordinairement des violons sont employés avec le
tambourin. Ceux-ci exécutent le chant de la

danse ; les sons aigus du gaboulet font la partie dominante de ce chant ; le tambourin fait la basse et marque la cadence.

Cette musique est un peu monotone, me dit milord ; mais elle excite, elle anime ces danseurs à qui une harmonie plus savante serait étrangère. J'aime à voir la joie naïve qui règne dans cette enceinte. A Salut, c'était des tableaux de Carle Vernet ; ici je retrouve ceux de Teniers.

Malheureusement on ne peut faire un long séjour dans le temple de la Therpsicore champêtre. Une poussière brûlante s'élève jusqu'au plafond, un bruit confus vous assourdit ; on y est rudement poussé, coudoyé ; il faut sortir promptement pour respirer un air plus pur.

Qu'ils sont beaux ces arbres qui bordent cet étroit sentier, s'écriait mon ami ; ils me rappellent ceux de l'Ecosse ! Je trouve que, depuis mon arrivée dans cette ville, je suis mieux, beaucoup mieux que lorsque j'ai quitté l'Angleterre. Tout ici est un remède contre la mélancolie ; l'air, les campagnes, les eaux, tout concourt à me faire aimer ce pays fortuné. Nous arrivions à la Reine, et milord donnait encore un libre cours aux exclamations de son enthousiasme.

La source est une des plus chaudes de Bagnères. Elle fait monter le thermomètre de 26 à
40 degrés. (1) Il y a une douche et quelques
baignoires. Sa belle situation offre d'agréables
promenades à ceux qui vont prendre les eaux.
La ville est construite au bas de l'amphithéâtre. On compte ses édifices et ses clochers.
L'œil va se reposer ensuite sur les tapis de verdure qui l'environnent. Derrière la ville, l'A-
dour vagabond et indompté, roule ses eaux sur
un lit de cailloux. En remontant son cours,

---

(1) C'était une opinion fort accréditée autrefois, que les
eaux thermales devaient leur existence à des feux souter-
rains qui les rechauffaient au sein des montagnes comme
dans une chaudière, et l'on attribuait au soufre l'entretien de ces feux, sans faire attention qu'il faudrait d'é-
normes masses de ce combustible pour rechauffer les
nombreuses fontaines qui jaillissent des Pyrénées, et
que l'on faisait provenir d'un réservoir commun.

Les nouvelles découvertes de la chimie et de la géologie
ont prouvé qu'il suffit que des filets d'eau rencontrent,
dans les fissures des rochers ; des substances ferrugineuses, alumineuses, pyriteuses, etc., pour donner lieu à
des décompositions spontanées qui communiquent à cette
eau un grand degré de chaleur, et l'imprègnent, en
même temps, des différens gaz que l'on découvre dans
les sources minérales.

LABOULINIÈRE. *Ann. stat.*

vous

vous découvrez les villages de Gerde et d'Asté, bâtis au pied d'une montagne à l'entrée de la vallée de Campan. A gauche, la vue s'étend sur toute la plaine depuis Bagnères jusqu'à Trebons.

Il faut savoir ménager les surprises aux hommes qui portent à l'excès le sentiment du beau. Laissant donc derrière nous les bains de la Reine, nous montâmes une colline élevée, en suivant un sentier où nous rencontrâmes quelques couples amoureux, y cherchant la solitude et fuyant des témoins indiscrets. Quand la fatigue ne nous permit plus de monter, milord s'assit sur une tertre de gazon, et contempla à loisir le tableau ravissant que nous avions sous les yeux. Pour la première fois nous vîmes dans l'éloignement cette belle vallée de Campan, objet de nos désirs. Mon ami éprouva la plus douce émotion, quand je lui fis apercevoir le clocher du bourg s'élevant comme une pyramide au milieu d'un espace resserré entre de hautes montagnes. La gauche du tableau était d'une ordonnance et d'un style différens : la plaine s'étend comme une mer jusqu'aux bornes de l'horizon. Tarbes paraissait ce jour-là enveloppée d'une vapeur légère colorée de pourpre par les rayons du soleil; plus près de nous, tous les villages situés sur la route de Bagnères; du côté des monts, une solitude affreuse, des rochers et des forêts; à nos pieds, c'était l'image de l'Elysée; derrière nous, celle du cahos.

———

CHAPITRE XII.

Fontaine ferrugineuse des D.^{lles} Carrère. —— Elysée-Cottin.

Il n'est pas dans les environs de Bagnères, un vallon qui n'ait son charme particulier; il n'est pas une solitude à laquelle ne se rattachent quelques délicieux souvenirs. L'une rappelle le séjour de deux amis qui lui ont donné leur nom; l'autre fut le témoin des amours d'un couple fortuné; dans celle-ci, un poëte soupira la tendre et plaintive élégie; dans celle-là, un peintre avait établi sa cabane solitaire pour être seul avec la nature. Que de sujets de distraction pour le mélancolique ennuyé, fatigué des plaisirs qu'il cherchait dans les réunions bruyantes de la société! Qu'il vienne, qu'il ait le courage de visiter avec nous ces retraites paisibles, la sombre inquiétude qui le consume disparaîtra bientôt pour faire place à une gaieté constante, fille heureuse de la santé.

Un peintre dont la société nous procurait mille
agrémens, nous proposa d'aller déjeûner à l'E-
lysée-Cottin : le jeune anglais se garda bien de
refuser une partie qui lui promettait de nouveaux plaisirs. Nous partîmes à la pointe du
jour.

La nuit avait été orageuse : l'herbe était encore chargée de gouttes de pluie réfléchissant
alors tous les feux du soleil ; le vent du nord
chassait les nuages au-delà des montagnes : tout
nous annonçait la plus belle matinée.

Arrivés aux bains de la Reine, il nous fallut
suivre un sentier qui monte jusqu'au sommet
de la colline. De là, nous entrâmes dans le vallon
où coule la fontaine ferrugineuse. Son aspect
solitaire n'a cependant rien de triste. Une jolie
maisonnette domine le paysage. La fontaine est
un peu au-dessous. Point d'architecture imposante ; point de colonnes de marbre, tout est en
harmonie avec la simplicité du lieu. Un toit
de chaume couvre le temple rustique de la
Naïade ; des rosiers en forment les murs laté-
raux ; sur un autel de gazon est placé le buste
du père de la médecine. Heureuse idée! l'o-
racle de Cos devait aussi trouver son culte établi près de ces fontaines où nous allons puiser
la santé. Le goût qui règne dans l'ordonnance

de ces embellissemens fait deviner qu'ils sont l'ouvrage de M. Jalon.

Là haut, près de cette grange, nous dit le peintre, venait souvent un ami que je regrette. Ce vallon était son vallon favori ; c'est là qu'il écrivait, c'est là qu'il m'attendait. Permettez qu'un ami donne une larme à son souvenir : M. Az.... était le mien.

Après nous être reposés sous le dôme qui couvre la fontaine, notre aimable guide nous dirigea vers l'Elysée-Cottin.

C'est un vallon situé sur le versant méridional de la montagne du Bédat. La maison doit être visitée, dit notre guide ; avançons. Le fermier nous ouvre la porte d'un petit salon : cet appartement fut habité pendant six mois par l'auteur de Mathilde. Cette femme estimable, trop tôt enlevée à la littérature et à ses amis, a écrit ici une partie de l'histoire de Malek-Adhel. Voyez-vous, disait vivement le peintre en nous entraînant vers la fenêtre ; voyez-vous cet arbre au bout de la prairie : c'est là qu'elle venait respirer l'air embaumé des montagnes. Voilà son secrétaire, voilà les mêmes meubles qui décoraient sa chambre. — Et la connaissiez-vous cette femme tant regrettée ? — Tous les jours je venais lui rendre visite, et tous

les jours je la quittais pénétré d'estime et d'admiration pour ses vertus. --- J'aime ses ouvrages :
en les lisant, je m'intéresse plus à l'auteur qu'au
personnage à qui elle a prêté tous les sentimens
de son ame. --- Vous dites vrai, milord ; madame Cottin a calqué le caractère de ses héros
sur le sien propre. Sensible et aimante comme
Malvina, vertueuse et désintéressée comme Mathilde, madame Cottin réunissait toutes les qualités dont elle a doué chacun des personnages
de ses romans. Elle était aussi la plus tendre
des amies. Heureuse dans cette retraite igno-
rée, elle oublia les sociétés du grand monde
dont elle aurait pu augmenter les charmes par
son esprit et ses qualités aimables. Ses livres,
ses amis, la campagne et les arts : voilà les seuls
objets auxquels elle attachait de prix. Pour per-
pétuer le souvenir de son amitié, nous avons
appelé ce vallon l'*Elysée - Cottin*. --- Je voudrais, répartit milord, que tous ceux qui ont
versé des larmes en lisant ses ouvrages, vins-
sent faire un pélerinage religieux dans cette
vallée ; je voudrais aussi qu'ils déposassent
une couronne de fleurs sur le monument que
nous éleverons à sa mémoire. Ici, vis-à-vis la
maison qu'elle habita, nous poserons un cippe
modeste surmonté d'une urne ; ce ruisseau ar-

rosera deux cyprès funèbres, le saule d'Orient renversera sa cime dans l'onde fugitive. L'inscription sera simple ; le marbre portera ces mots :

A LA MÉMOIRE

DE L'AUTEUR DE MATHILDE,

JAMES HODSON ET SES AMIS.

M. DCCC. XVIII.

Le fermier nous servit à déjeûner sous le chêne que le peintre nous avait désigné. Un peu de fatigue et l'air frais du matin aiguisaient notre appétit. Le gazon nous servit de table et de siéges.

Combien ces retraites auraient plus de charmes aux yeux de l'ami des lettres, si, à la beauté de la situation, se joignait un de ces souvenirs que nous trouvons en ces lieux ! avec quel empressement n'irions-nous pas visiter, et les vallons qui auraient inspiré de beaux vers à St.-Lambert, à Delille, et la montagne où Bernardin de St.-Pierre aurait enrichi son herbier des plantes des Pyrénées ! Les allées de Maintenon et l'Elysée-Cottin seront toujours parcourus avec plaisir ; ils nous rappeleront sans cesse deux noms chers à ceux qui cultivent les sciences et l'amitié. Il vient des riches à

Bagnères ; mais combien d'entre eux ne laissent
en partant d'autres souvenirs que celui de leur
faste et de leur nullité ! Ainsi parlait milord,
en descendant l'Elysée-Cottin pour nous rendre
aux grottes qu'on n'oublie jamais de voir avant
de quitter Bagnères.

CHAPITRE XIII.

FRASCATI.

L'ANCIEN *Tusculum*, aujourd'hui Frascati, fut autrefois la retraite de Cicéron. Les Lucullus de Rome avaient bâti dans cette ville des palais magnifiques ; la bonne compagnie s'y réunissait dans la belle saison. Guerriers et magistrats, poëtes et orateurs, tout ce que Rome comptait de distingué allait s'y délasser des fatigues des affaires publiques, et s'endormir quelques instans dans les bras de la mollesse et de la volupté. Les graves sénateurs allaient à Tusculum boire dans des coupes d'or les vins du Tmole et de Falerne. On s'amusait très-bien à Tusculum ainsi qu'à Tibur. Les plus rares productions de l'Europe et de l'Asie arrivaient dans ces lieux pour être confiées aux mains habiles des Apicius, et servies ensuite sur la table des riches. On y dansait au son de la lyre ; on y

discutait sententieusement sur la politique, tels
étaient les plaisirs de l'ancien Tusculum.

Bagnères peut, à juste titre, être comparée
à cette dernière ville. Si l'on ne trouve pas dans
nos Frascati modernes, ce luxe d'architecture
qui décorait les ouvrages du peuple-roi, en re-
vanche on s'y amuse beaucoup.

Voulez-vous vous distraire? venez à Frascati. Cet établissement est une ressource pour
les étrangers; c'est le centre de réunion des
personnes distinguées qui composent ce que
nous appelons la bonne compagnie. Il réunit
tous les agrémens, tous les amusemens utiles
et honnêtes, jeux de société, papiers-nouvel-
les, bibliothèque, théâtre. Vous y verrez de
graves et silencieux politiques réfléchir mûre-
ment sur les destinées de l'Europe; des dispu-
teurs éternels se quereller sur un article de
nos constitutions; des agréables du jour, aux
manières libres et aisées, impertinens avec les
dames, vains et fats avec tout le monde; des
femmes légères et frivoles, qui passent leur vie
dans les bals et les assemblées, des prudes et des
coquettes, des sages et des fous. Enfin, milord, l'étranger qui arrive dans cette ville res-
terait long-temps solitaire, si tant d'avantages
ne l'arrachaient à son isolement. Alors il vient

à Frascati; il observe, il choisit ses amis,
il se compose une petite société, et il n'est pas
rare de voir l'habitant des bords glacés de
la Newa se lier d'amitié avec le grave Espagnol des rives de la Bétique. Etes-vous mu-
sicien? vous serez admis au concert. Aimez-
vous l'art dramatique? vous aurez un rôle dans
la comédie ou dans l'opéra. Préférez-vous la
danse? il y a des bals très-brillans. Vous plai-
sez-vous dans la société des dames? vous en
trouverez de spirituelles et de très-aimables.
Etes-vous partisan de la bonne chère? vous
rencontrerez des gastronomes qui connaissent
mieux que personne les mets fins et délicats
qui doivent figurer dans un festin. Les jouissances uniformes amènent l'ennui : on ne peut
pas toujours faire des voyages dans les montagnes. Ainsi, quand nous viendrons de parcourir les beaux sites de Bagnères, nous ai-
merons à chercher une société amusante, et
nous dirons : *allons à Frascati.*

Ce grand et bel édifice est à peine achevé.
Nous le devons à M. Laugau, ancien consul
d'Espagne à Paris. Il est maintenant dirigé par
MM. Dancla frères.

Il y a deux bals par semaine, le lundi et
le vendredi. Quand les souscripteurs et ama-

teurs sont en nombre suffisant pour donner des concerts et jouer la comédie, le bal du lundi est précédé d'un concert, et celui du vendredi d'une pièce de société.

Le prix de la souscription pour l'entrée journalière à Frascati, est de 20 fr. par mois, 12 fr. pour quinze jours, pour les hommes; les dames paient 12 fr. par mois, 8 fr. pour quinze jours. Le billet d'entrée pour un seul jour est de 3 fr.

Quand une famille de souscripteurs est nombreuse, la quatrième personne ne paie rien.

Un buffet est servi dans une salle voisine de celle où l'on danse : les rafraîchissemens y sont donnés à des prix modérés.

On peut s'abonner pour la lecture d'ouvrages nouveaux, moyennant 5 fr. par mois. On trouve à Frascati tout ce qui est nécessaire pour le dessin, comme papier, crayons, couleurs, etc.

CHAPITRE XIV.

Le Jeu.

Dans le plus beau quartier de la ville s'é-
lève le temple de la Fortune. (1) L'égoïsme et
le hasard (2) sont les ministres attachés à ses
autels ; la politesse, sentinelle nécessaire, ac-
cueille avec prévenance les étrangers à la porte

---

(1) Les poëtes la dépeignent chauve, aveugle, debout, avec des ailes aux pieds, l'un sur une roue qui
tourne et l'autre en l'air. Ils lui ont aussi donné un
gouvernail, pour exprimer l'empire du hasard.

(2) Cochin le désigne par un jeune homme qui, les
yeux bandés, prend des billets dans une urne. De sa
draperie tombent au hasard des joyaux, des couronnes,
des chaînes, des fleurs, des épines, emblèmes des biens
et des maux.

d'entrée ; les regrets (1) et le désespoir (2),
couverts de leurs manteaux funèbres, se tiennent à demi cachés derrière les colonnes du
péristile ; ordinairement le sourire de l'espérance est sur les lèvres de ceux qui pénètrent
dans l'intérieur du temple ; des larmes roulent
dans les yeux de la plupart de ceux qui sortent ; sur le portique, on lit ce vers de Saurin :

C'est sur un tapis vert le Pérou qui s'étale.

Piége adroit où vient se prendre journellement
l'aveugle cupidité.

Le jeu fut établi à Bagnères pour l'amusement
des malades. Cet agréable délassement a dé-
généré en une fureur contagieuse. On vient dans
cette ville autant peut-être pour hasarder sur
une carte les économies d'une année, que pour
faire usage des eaux. Les artisans, les culti-

---

(1) On représente le regret sous la figure d'une femme
éplorée, vêtue de noir, coiffée en désordre, tournant
ses regards vers le ciel. Elle est à genoux sur un tombeau, tenant d'une main un mouchoir, et de l'autre
une pierre dont elle se frappe la poitrine.

(2) Ripa le désigne par une femme dans l'attitude de
se laisser tomber ; elle a un poignard dans le cœur, et
tient une branche de cyprès ; à ses pieds est un com-
pas rompu.

NOEL. Dict. de la Fable.

vateurs même, malgré toutes les mesures pres-
crites, à leur égard, par l'autorité, viennent,
en habits de bure, apporter leur tribut dans
l'antre de Cacus. Qu'une voix plus éloquente
que la nôtre s'élève et tonne contre cette
passion qui ouvre le chemin du malheur à
tant d'individus. Vainement voudrait-on employer des couleurs moins fortes pour peindre
les scènes déchirantes que le jeu entraîne à sa
suite. Il est impossible de taire ce que tout le
monde sait, et ce que tout le monde voit; il
est impossible de ne pas gémir sur la facilité
avec laquelle quelques hommes se laissent séduire
par l'appât de l'or.

CHAPITRE XV.

SPECTACLE.

Un amusement qui n'entraîne après lui ni la perte de la fortune, ni les regrets cuisans; un amusement qui nous distrait et nous instruit à la fois, c'est la comédie : Thalie est toujours reçue avec empressement partout où il y a réunion d'hommes.

A Bagnères, après avoir consacré une partie de la journée aux promenades champêtres, si l'on est ennemi du jeu ou de la cérémonieuse étiquette des sociétés, on se rend au spectacle.

Pendant la saison, le directeur du 22.ᵉ arrondissement y vient avec sa troupe. La salle est petite. L'administration municipale se propose, lorsqu'elle en aura fait l'acquisition, de l'agrandir, et de la décorer beaucoup mieux qu'elle n'est aujourd'hui.

On

On a quelquefois l'avantage d'y voir les premiers acteurs des théâtres de la capitale.

Le directeur s'occupe de former , pour la saison , une troupe qui lui donne les moyens de varier le spectacle, et d'ajouter à son répertoire les bonnes comédies abandonnées depuis long-temps.

CHAPITRE XVI.

LA GENTILHOMANIE.

Là, par vanité même, on se croit tous égaux :
Tout est comte ou baron : le bourgeois de la veille
Sent de ces noms flatteurs chatouiller son oreille.

DANS les lieux où le plaisir attire une foule d'hommes de tous les pays, il existe des travers qui n'échappent point à l'observateur. Le plus apparent, milord, celui qui ne cherche pas à se cacher dans l'ombre et dont on fait effrontément parade, c'est la *Gentilhomanie*. Il n'est pas un mince petit-maître qui ne veuille être noble et riche en dépit de la fortune et de ses aïeux. Vous rencontrez à chaque pas de ces bourgeois-gentilshommes, faisant beaucoup de fracas pour se donner un air d'importance, allant à pied en vantant leurs équipages absens, parlant de leurs domaines situés dans les régions imaginaires. Ces modernes Jourdains adoptent, avant de venir à Bagnères, un* nom d'emprunt toujours très-sonore, s'il n'est pas très-connu. On en a vu plusieurs, dont l'origine est connue, se faire appeler sans rougir, M. le marquis de ***, M. le comte de ***. Demandez à ces aventuriers, si eux-mêmes dans le siècle présent, ou leurs aïeux sous nos anciens rois, ont gagné le titre de noblesse dont ils s'énorgueillissent, en combattant pour la patrie, ou dans les sciences en l'illustrant par leurs ouvrages, ou dans la magistrature, en rendant des services signalés à l'état : ils n'oseront vous répondre.

La manie de briller s'est emparée de toutes les têtes. On fait des efforts inouis pour égaler en luxe et en prodigalité un voisin plus prodigue encore. Un austère censeur perdrait son temps à prêcher contre ces ridicules : les plaisanteries de Molière n'ont corrigé ni les travers de l'amour-propre ni les vices du cœur.

Accoutumons-nous donc, milord, à voir dans cette ville, l'honnête homme à côté d'un faquin, le savant à côté d'un sot, l'homme de mérite à côté d'un fat, et la bienfaisance modeste à côté de la fastueuse ostentation.

~~~~~~~~~~~~~~~~~~~~~~~~~~~~~~~~~~~~~~~

CHAPITRE XVII.

MENDICITÉ.

C'ÉTAIT autrefois une profession lucrative que celle de mendiant. Cette vénérable association avait son code particulier, ses statuts et ses chefs. La mendicité était devenue un objet de spéculation pour les vagabonds et les fainéans. Le gouvernement a neutralisé les effets de cette lèpre contagieuse, en ouvrant des ateliers de charité et des bureaux de bienfaisance.

Il n'est pas étonnant qu'une ville où se rendent chaque année beaucoup de riches, n'attirât dans ses murs une multitude de pauvres, ou soi-disant tels, qui escortaient les étrangers sur les promenades, qui les attendaient à la porte des établissemens thermaux, qui se rangaient en ligne de bataille à l'entrée des églises, étalant à nos yeux des plaies dégoûtantes, et forçant, pour ainsi dire, ces mêmes étrangers à délier les cordons de leur bourse pour se débarrasser de tant de cris importuns.

Sans doute l'aumône est un devoir que nous prescrit la religion chrétienne. Secourir les malheureux est plus méritoire auprès de la divinité, que ces longues prières et ces orgueilleuses mortifications auxquelles souvent le cœur est étranger. Mais cette louable prodigalité entraîne de grands abus; elle fait aimer cette vie oisive et vagabonde que mènent la plupart des mendians. Ne soyons pas en opposition avec les desseins du Gouvernement; ne favorisons pas la mendicité par des aumônes mal entendues, toujours nuisibles aux véritables malheureux.

L'autorité a pris toutes les mesures nécessaires pour réprimer les abus du vagabondage : ses efforts ont été suivis d'un résultat satisfaisant. Le nombre des mendians a considérablement diminué, depuis quelque temps, dans les Hautes-Pyrénées, surtout à Tarbes et dans les établissemens thermaux. Si nous n'avons plus sous les yeux le spectacle affligeant de la misère, nous le devons en partie à la générosité, à la bienfaisance des étrangers, dont les secours augmentent les ressources de la ville pour subvenir au soulagement de la classe indigente.

Il est une manière de faire l'aumône bien plus profitable aux pauvres. Le bureau de bienfaisance est chargé de recevoir les dons des âmes charitables. M. le Maire, qui le préside, connaît ceux de ses administrés qui doivent participer aux distributions de secours. Les personnes bienfaisantes qui s'imposent des privations et renoncent aux plaisirs pour venir au secours des indigens, peuvent s'adresser directement à M. le Maire, ou à tout autre membre du bureau, pour déposer ce qu'elles destinent aux malheureux de Bagnères.

Donner aux pauvres dans les rues, sur les promenades, c'est encourager la paresse et le vagabondage, c'est appeler les mendians des départemens voisins. Tant de fripons empruntent le langage de la douleur et du désespoir, qu'il est bien facile d'être leur dupe : l'homme bienfaisant, fatigué par ces demandes importunes, sacrifie à ces misérables, ce qu'il aurait destiné à des familles ruinées par la grêle ou les circonstances, honteuses d'avancer la main pour implorer un secours dont elles auraient à rougir. C'est sur ces familles que nous désirons fixer l'attention des étrangers. On fait tant de dépenses pour satisfaire la vanité, pourquoi ne mettrait-on pas quelques fonds en réserve pour faire de bonnes actions ? Il faut si peu de chose pour contenter un malheureux !....,

Organisation du Bureau de bienfaisance.

MM.   Dufour-d'Antist, maire, président.
      Peteilh, curé de Bagnères.
      Perez, propriétaire.
      Soulé.
      De Cazabonne.
      Graciette aîné, négociant.

~~~~~~

CHAPITRE XVIII.

VALLÉE DE CAMPAN.

Nous allons donc faire un voyage dans cette vallée tant célébrée ! Notre curieux anglais n'oubliera rien ; il s'arrêtera à chaque pas, parce qu'à chaque pas il rencontrera de nouveaux sujets d'admiration. Quelle contrée, en effet, renferme plus de tableaux pittoresques que le vallon de Campan ! Il faudrait employer toutes les richesses de la poésie pour donner à ces tableaux le ton de vérité qui leur est propre ; il faudrait, pour le décrire, un style à la fois simple et majestueux comme la nature ; il faudrait s'élever à la hauteur du sujet sans tomber dans l'emphase. Tout est si beau dans cette vallée délicieuse, que les voyageurs nous sauront gré de leur indiquer tous les sites remarquables. C'est moins une description que nous allons donner, qu'un itinéraire minutieux dans lequel les moindres détails ne seront pas négligés.

A cinq heures du matin, milord Hodson et moi, quittâmes Bagnères pour nous rendre à Campan, et de là au Tourmalet. Le vent pur et frais de la vallée tempérait l'ardeur des rayons du soleil, et, lorsque partout ailleurs la terre est brûlée par les feux de la canicule, ici tout présentait l'image du printemps. Je sentais, comme l'infatigable et célèbre voyageur des Pyrénées, ce contentement vague, cette légéreté du corps, cette agilité des membres, cette sérénité de la pensée, si doux à éprouver, si difficiles à peindre. Notre admiration était muette. En effet, jamais tableau plus riant ne s'était déroulé aux yeux de milord.

Nous marchions sous une allée de peupliers qui cessa bientôt pour laisser à découvert le plus riche paysage. Nous avions à notre droite un monticule dont les plantations nous rappelaient le séjour de Mme de Maintenon à Bagnères (1); à gauche, et peu éloignés l'un de

_____

(1) Madame de Maintenon vint à Bagnères avec le duc du Maine, en 1675, 1677, et 1681.

Les arbres de ces allées ont été renouvelés sous l'administration de M. de Jaulas, à qui la ville doit une partie de ses embellissemens.

l'autre, les villages de Gerde et d'Asté, do-
minés par la *Pène de Lheyris* qui les cou-
vrait d'une masse d'ombre, tandis que le reste
de la scène champêtre était éclairé, et toujours
devant nous la cime altière et chenue du Pic
du Midi.

Nous descendîmes de cheval pour visiter l'ancien couvent de Médous, autrefois habité par
d'heureux anachorètes, condamnés à vivre dans
la plus agréable des solitudes. Au fond du
jardin est une grotte; de cette grotte sort, par
deux issues, un ruisseau, ou plutôt une petite rivière, qui, après être tombé en cascade
sous la roue d'un moulin, court paisiblement
arroser les prés du couvent, et retombe encore en cascade dans le lit de l'Adour, dont
probablement il tire son origine. Cette fontaine
jaillit dans un lieu charmant ombragé de tilleuls. Peut-être près de cette grotte était le temple du dieu Aghon. Si cette belle source eût
été décorée de quelques marbres soigneuse-
ment conservés, son nom serait sans doute immortel. L'église est ruinée : elle est d'un bon
effet au milieu des grands arbres qui l'entou-
rent.

C'est au couvent de Médous que commence
la vallée de Campan. Là, des monts élevés

opposent déjà une barrière parallèle : il n'y a plus qu'une route à suivre, c'est celle de la vallée.

En sortant du village de Baudéan, j'invitai milord à s'arrêter un instant sur le bord d'un torrent qui porte le nom de l'Adour. Voici la vallée de Bagnères, lui dis-je ; elle est vantée par les peintres, et renferme des sites dignes d'être vus. Elle s'étend jusqu'à la base du Mont-Aigu dont vous voyez le sommet. Les deux montagnes entre lesquelles coule le torrent sont couvertes d'une riante culture et d'innombrables habitations. Mais, après le village de l'Espone, l'aspect devient plus sauvage, et l'on s'enfonce dans des forêts accessibles seulement au hardi chasseur. De ces hauteurs, les sapins abattus par la hache du bûcheron, roulent avec fracas de rochers en rochers, tombent dans l'Adour de Baudéan, et flottent jusqu'à l'embouchure de la vallée pour alimenter les usines situées sur ses bords.

On peut communiquer de la vallée de Bagnères dans celle de Barèges, par quelques sentiers qui traversent les montagnes. Ce chemin est un peu plus court que celui du Tourmalet ; mais il n'est praticable que pour les piétons. Les gorges qui avoisinent le village de l'Espone communiquent aussi avec la vallée de l'Oussouet.

Voyez, milord, si ce paysage n'est pas digne de vos crayons. Ici, le chemin de la vallée suit les flancs d'un rocher stérile, sillonné par de larges crevasses ; là, des moulins bâtis sur l'Adour, ombragés par des hêtres, l'eau du torrent fuyant impétueusement sous les roues blanchissantes d'écume ; dans le fond, un cirque formé par la cime du Mont-Aigu, dont la couleur bleuâtre contraste si bien avec la verdure qui nous environne ; près de nous, l'ancien prieuré de St.-Paul construit sur un plateau élevé, entouré d'un double rang de peupliers ; retraite charmante embellie par l'abbé Torné (1), jadis l'asile de ce savant, aujour-

_____

(1) L'abbé Torné a publié des élémens de mathématiques dans un âge où l'on est occupé à les apprendre. Dans ses sermons, donnant à ses paroles le charme de la persuasion, sans austérité, sans déclamation, il entraîne par les impressions d'une raison éclairée qu'assaisonnent l'esprit et les grâces. (*Voyage dans les Pyrénées.*) L'abbé Torné fut évêque constitutionnel de Bourges. Fatigué de la vie, il vint habiter un moulin à vent, et mourut dans l'obscurité.

d'hui délaissée par le nouveau propriétaire, et visitée seulement par les voyageurs.

L'homme insensible aux beautés de la nature, passe rapidement au milieu de ces beaux paysages sans les honorer d'un regard ; mais nous, milord, comme tant d'autres voyageurs qui viennent à Bagnères, nous nous arrêtons sur ce pont d'où la vue s'enfonce dans les profondeurs d'un vallon enchanteur, et s'élève jusqu'aux sommets neigés des premières montagnes des Pyrénées.

Le bourg de Campan n'est pas éloigné du Prieuré de St.-Paul ; il est grand, peuplé, et bien bâti. La route le traverse dans toute sa longueur. En quittant les dernières maisons, on est frappé d'étonnement à la vue de cette multitude d'habitations éparses dans la plaine, distribuées sans symétrie sur le penchant des collines, toutes entourées de prés et de bosquets, arrosées par des ruisseaux d'eau limpide, où viennent se désaltérer d'innombrables troupeaux. La chaîne de montagnes que l'Adour baigne de son onde turbulente, n'offre au voyageur surpris que des roches nues, des ravins creusés par les eaux pluviales, et quelques maigres pâturages, tandis que la chaîne opposée présente toutes les richesses de la végétation.

Pour jouir de toute l'étendue du tableau de
la vallée, il faut monter à la célèbre grotte
de Campan, visitée, chaque année, par une
foule d'étrangers. Elle est située à mi-côte,
sur le versant gauche, au-dessous d'un rocher
noirâtre.

Nous laissâmes nos chevaux dans une des
maisons qui bordent la route, et nous traversâ-
mes l'Adour sur un frêle pont de bois, composé d'une échelle et de quelques planches qui
ne sont pas même clouées sur les barreaux.
Au pied de la montagne, il y a deux ou trois
maisonnettes. Aussitôt que nous eûmes franchi
le bord escarpé de l'Adour, une jeune fille,
fraîche comme la rose du matin ; un beau jeune
homme qui paraissait être son frère, coiffé d'un
bonnet de burat, un vieillard et quelques enfans
vinrent à notre rencontre, et nous offrirent le
lait, le beurre de leur bergerie et les fruits de leur
petit verger. Le domestique de milord apporta
du vin et des viandes froides : nous invitâmes
ces bonnes gens, dont la simplicité nous re-
traçait les mœurs patriarcales, à partager notre
déjeûner. On accepta. Nos provisions furent
bientôt épuisées. J'invitai mon ami à monter à
la grotte.

Le jeune homme court s'armer d'une échelle

et d'une torche, nous rejoint, et, léger comme l'isard, hardi comme tous les habitans des Py-rénées, il ne marche pas, il court sur cette roche hérissée de cailloux. Milord essouflé, monte péniblement en s'appuyant sur son bambou, je le précède non moins fatigué. Notre guide avait disparu : je lève les yeux, je le vois arrivé à l'ouverture du souterrain, posé comme une statue sur un bloc de rochers. Avant de pénétrer dans la grotte, nous voulûmes jouir de la perspective de cette colonie populeuse d'agriculteurs et de bergers.

Cédons maintenant la plume à M. Ramond. Il a décrit en grand peintre et en savant ces lieux qui ne peuvent être décrits que par un grand peintre.

« Deux vallons, dont le premier descend du » Tourmalet, et l'autre des montagnes de la » vallée d'Aure, se perdent, au bourg de Sainte-» Marie, dans la vallée de Campan. Chacun » de ces vallons y apporte le tribut de son tor-» rent ; et l'Adour, formé de leurs eaux con-» fondues, après avoir baigné les riches prairies » de cette vallée, rencontrant à Bagnères les » plaines de la Bigorre, comme charmé des » contrées qu'il abandonne, et de celles qu'il va » parcourir, semble lutter, par ses longs cir-

» cuits, contre la commune destinée des fleu-
» ves, lorsque, rencontrant le Gave à Bayonne,
» né à côté de lui, il s'engloutit avec lui dans
» les gouffres de l'Océan.

» Je ne peindrai point cette belle vallée qui le
» voit naître, cette vallée si connue, si célé-
» brée, si digne de l'être ; ces maisons si jolies
» et si propres, chacune entourée de sa prairie,
» accompagnée de son jardin, ombragée de sa
» touffe d'arbres ; les méandres de l'Adour,
» plus vif qu'impétueux, impatient de ses rives,
» mais en respectant la verdure ; les molles in-
» flexions du sol, ondé comme des vagues qui
» se balancent sous un vent doux et léger, la
» gaieté des troupeaux, et la richesse du berger ;
» ces bourgs opulens formés, comme fortuite-
» ment, là où les habitations répandues dans la
» vallée, ont redoublé de proximité ; Bagnè-
» res, ce lieu charmant où le plaisir a ses au-
» tels à côté de ceux d'Esculape, et veut être
» de moitié dans ses miracles, séjour délicieux,
» placé entre les champs de la Bigorre et les
» prairies de Campan, comme entre la richesse
» et le bonheur ; ce cadre enfin, digne de la
» magnificence du tableau ; cette fière enceinte,
» où la nature oppose le sauvage au champê-
» tre ; ces cavernes, ces cascades, visitées par

tout

» tout ce que la France a de plus aimable et de
» plus illustre, ces roches, trop verticales peut-
» être, dont l'aridité contraste avec la parure
» de ces heureuses vallées ; ce Pic du midi sus-
» pendu sur leurs tranquilles retraites, comme
» l'épée du tyran sur la tête de Damoclès.....
» menaçans boulevards qui me font trembler
» pour l'Elysée qu'ils renferment......

» C'est à l'adoucissement de ces pentes que la
» vallée de Campan doit l'avantage d'être la
» plus délicieuse retraite de la vie pastorale.
» Elle fut, d'abord, un profond ravin, creusé,
» entre les racines du Pic du midi et les rochers
» calcaires qui s'y appuyaient, par ces torrens
» anciens dont l'impétuosité était proportionnée
» à la roideur des pentes primitives, et dont
» la fureur était irritée par l'aspérité des for-
» mes qu'avait ébauchées le vieux Océan ; mais
» les débris des sommets qui la dominaient,
» sont venus rehausser le fond de ses précipi-
» ces ; les eaux ont tendu, sans cesse, à éga-
» liser le sol qu'elles parcouraient ; les éboule-
» mens se sont étendus ; le repos a succédé à
» de longues convulsions ; et la végétation a
» couvert ces amas de ruines, désormais pro-
» pres à la recevoir.

» La vallée de Campan est donc une appa-

» rition anticipée du monde futur. Elle pré-
» sente cet état de calme, si bien annoncé et si
» bien décrit par ce physicien-philosophe (1),
» digne de prévoir tout ce que l'humanité peut
» attendre de la perfectibilité de la terre. Telles
» seront toutes les vallées des Pyrénées et des
» Alpes, du Caucase, de l'Atlas et des Andes,
» quand les forces qui tendent à produire, se-
» ront en équilibre avec celles qui tendent à dé-
» truire; quand les sommets auront cessé de
» descendre vers les bases, et les bases de s'é-
» lever vers les sommets; quand les pentes au-
» ront ce degré d'inclinaison, où il n'y a plus
» d'éboulement possible; quand l'active végéta-
» tion, si prompte à s'emparer des surfaces qui
» jouissent d'un moment de repos, si souvent
» repoussée du flanc des montagnes par les der-
» nières agitations de ces géans expirans, s'as-
» seoira en paix sur leurs cadavres.

　» Mais si la vallée de Campan n'en était pas
» encore à cet état de calme permanent! si des
» révolutions la menaçaient encore!.. (2) que de

---

(1) M. de Luc.

(2) Le 1.er novembre 1755, les commotions furent
vivement senties dans les Pyrénées. Le tremblement de

» hauteurs je vois autour d'elle, qui ont à ra-
» baisser leur orgueil au niveau de ses collines !
» Là, c'est le Pic d'Espade, suspendu sur les
» sources de sa rivière; ici, le marbre caver-
» neux qui renferme ses grottes; plus loin,
» mais plus haut, ce Pic du midi qui n'en est
» pas encore assez loin au gré de mes craintes,
» puisqu'entre lui et ces heureux vallons, je ne
» vois que des pentes prêtes à y rouler ses rui-
» nes.... Les changemens de forme sont lents
» aujourd'hui; mais s'ils devenaient subits,...

---

terre dn 21 juin 1660 dérangea le cours des fontaines;
un grand nombre se refroidirent et perdirent leurs qualités salutaires. Plusieurs maisons de la ville de Bagnères
et de la vallée de Campan furent renversées et leurs habitans écrasés. Ceux des religieux du couvent de Médous,
qui eurent le bonheur de s'échapper, se virent réduits à
se hutter dans les environs. Lors du désastre de Lisbonne,
et au même instant, la terre s'entr'ouvrait près de Jun-
calas, les maisons s'ébranlaient à Lourdes, etc. En 1678,
un tremblement de terre grossit subitement les eaux de
la Garonne et de l'Adour : elles sortirent avec violence
des entrailles des montagnes, après s'être ouvert plusieurs
passages, entraîné les arbres et les plus gros rochers; des
montagnes s'affaissèrent.

Voyage dans les Pyrénées.

» quel bouleversement, et que de débris! Alors
» et pour long-temps, plus de prés et plus de
» bergers ; plus de ces cabanes si élégantes et si
» paisibles.... Des rocs amoncelés ; des eaux
» furieuses ; quelques gazons isolés, broutés par
» la brebis et la chèvre : voilà ce que notre
» postérité verrait dans la vallée de Campan ;
» et le souvenir de cette seconde Arcadie, de-
» venue le domaine de la fiction, revêtirait,
» peut-être, les couleurs fantastiques de la pre-
» mière. »

Cette belle description, lue sur une hauteur
qui domine la vallée, en face de ce Pic du
midi, objet des craintes du célèbre observateur,
nous faisait mieux goûter les charmes de la
perspective, et nous attristait en même temps
sur l'incertitude des destinées de ce lieu de délices. Le jeune anglais écarta ce tableau de désolation en fermant le livre. Notre guide posa
l'échelle, battit le briquet, alluma sa torche avec
des feuilles sèches, et nous attendit à l'entrée
de la caverne.

On ne peut se défendre d'une secrète ter-
reur quand on est parvenu aux derniers échelons, et qu'on se trouve resserré entre ces voûtes éclairées par la lueur d'un pâle flambeau.
Si, dans ce moment, la terre était agitée par

ces intérieures convulsions qui bouleversent tout
en un instant !..... si les craintes de M. Ramond
se réalisaient !...... si une pierre détachée de
la voûte !..... L'habitant de la vallée, ignorant
la cause de notre pâleur et de notre hésitation,
restait seul insensible au milieu des ténèbres du
souterrain. Enhardis par son sang-froid, nous
poursuivîmes notre route.

Bientôt un obstacle s'oppose à notre curiosité.
C'est un énorme rocher qui ferme le passage.
Cette masse intercepte la lumière qui provient
de l'ouverture, et la grotte changeant de direction, on serait totalement plongé dans l'obscurité, si la lueur des flambeaux ne venait alors
guider nos pas.

Le spectacle de la caverne n'est pas alors sans
beauté. Les jets de lumière tombant sur ces
énormes stalactites qui la remplissent, comme
autant de colonnes gothiques, nous rappelaient
l'intérieur des catacombes souterraines. Il est des
passages où le volume de ces stalactites s'est
tellement accru, qu'il faut se traîner à plat
ventre pour les franchir. L'imagination cherche, dans ces jeux de la nature, des ressem-
blances avec les objets que nous avons constamment sous les yeux. L'un croit trouver ici
une statue, un lion, une tête de chérubin ;

l'autre, un autel, un temple, un jeu d'orgue.
Malheureusement la main de l'homme porte
ses ravages jusque dans les antres les plus cachés : il détruit en un instant ce que la nature
met des siècles à façonner. Ces superbes stalactites, formées par la lente filtration des gouttes
d'eau imprégnées de matière calcaire qui descendent de la voûte, tombent sous le marteau
destructeur des curieux. (1)

Plus loin, le dôme irrégulier de la caverne
s'élève, le sentier s'élargit. Un autel informe
reçoit, sur sa surface arrondie, la longue série
de noms et de dates inscrits par les voyageurs.
Là finit le souterrain. Nous avions passé demi-
heure dans les ténèbres : nous revîmes avec joie
la lumière du soleil, les campagnes et la vallée.

Milord dit adieu à ses hôtes et les recompensa
généreusement. Ils nous accompagnèrent jusqu'au pont, en nous souhaitant mille fois un
heureux voyage. Nous montâmes à cheval pour
continuer notre route sur Ste.-Marie et Grip.

Non loin du lieu où nous avions quitté le

---

(1) M. le maire de Campan doit faire fermer cette
grotte, qui ne sera ouverte qu'aux curieux, afin de
mettre un terme à sa dégradation.

chemin de la grotte, passe un torrent qui descend d'une vallée charmante. Elle s'étend jusqu'au pied du Pic du midi. On lui a donné le nom d'Elysée-Fanny. C'est là que M. Azaïs entreprit sa périlleuse ascension au sommet du Pic, par des chemins à peine tracés au milieu d'obstacles insurmontables et de dangers toujours renaissans. Peu de voyageurs auront le courage de l'imiter. N'écoutant, comme Ramond, que ce désir d'alimenter avec profusion cette avidité de sentir et de connaître, passion primitive et inextinguible de l'homme, passion plus grande que lui qui embrasse plus qu'il ne peut saisir, devine plus qu'il ne peut comprendre, pressent plus qu'il ne peut prévoir, franchit les bornes de sa fragile existence, l'égare souvent sur le but de sa vie; mais au moins l'endort sur ses misères et l'étourdit sur sa briéveté; n'écoutant, dis-je, que cet attrait enchanteur, M. Azaïs arrive seul et triomphant de tous les obstacles sur la cime orgueilleuse du Pic. Honneur soit rendu à son courage, à sa constance, à son intrépidité! (1)

---

(1) M. Azaïs a publié son voyage dans un petit volume qui fait partie de la collection de *l'Ami des enfans*.

Vous aurez sans doute remarqué, milord, ce contraste qui existe entre les mœurs de Bagnères et celles de la vallée de Campan. A Bagnères, c'est la cérémonieuse étiquette de la bonne compagnie, le langage maniéré des salons, le luxe des grandes cités; ici, la simplicité de la vie pastorale, une constitution forte et robuste, des locutions vives et hardies, des vêtemens commodes et uniformes. Tels sont les tableaux de mœurs disparates que présentent deux classes d'habitans à peine séparés par une lieue de chemin.

Je viens répéter encore la même question que j'ai faite dans la plaine de Tarbes, me dit milord. Comment peut vivre cette nombreuse coline, sur une terre fertile, à la vérité, mais où je n'aperçois que quelques champs de blé, des pâturages et des troupeaux. ---- La vallée est divisée en plusieurs tribus, les unes sédentaires, les autres nomades. Les premières sont destinées à la culture des terres, les secondes au soin du bétail. Dans l'été, une partie de la population se disperse sur les montagnes avec les troupeaux : ces pasteurs habitent alors ces nombreuses cabanes que vous voyez sur leur cime : là, ils vivent de pâte de maïs, appelée *Paste tourrade*, nourriture peu dispendieuse et très-saine. Ce sont ordinairement les jeunes gens qui abandonnent le toit de la famille. Les femmes et les vieillards fauchent les prés et recueillent les moissons.

Avant la funeste guerre d'Espagne, quatre ou cinq cents Campanois, agriculteurs ou bergers, dépassaient les monts, entraient dans l'Aragon par le port de Bielsa, et allaient, sous les ardeurs d'un ciel embrasé, se livrer à des travaux pénibles qui répugnent à la mollesse et à l'oisiveté des Espagnols. Là, l'intelligence de nos cultivateurs était chèrement payée; les soins des bergers étaient achetés au poids de l'or. Ces tribus nomades revenaient, après la fonte des neiges, chargés de piastres et de quadruples. L'aisance arrivait avec eux dans la vallée : il n'y avait plus de pauvres. Mais depuis que nous avons porté la gloire de nos armes chez un peuple que notre valeur n'a pu asservir, l'Espagnol a fermé son toit hospitalier à nos paisibles agriculteurs : la joie s'est enfuie de cette contrée. Espérons que notre modération, et surtout l'esprit de paix qui anime les monarques des deux peuples, rétabliront nos relations agricoles et commerciales.

Un instant après cet entretien, nous entrions

à Ste.-Marie; au milieu de ce village, la route prend deux directions opposées.

La première conduit à la vallée d'Aure. Une ferme nommée Paillole (1), est, de ce côté, la dernière habitation du district de Campan. « Après Ste.-Marie, raconte un voyageur, les » montagnes couronnées de sapins, se rappro- » chent et ne laissent de place que pour la » grande route de Bagnères à la Marbrière. Tout » est beau, tout est frais, tout est vert autour » de soi. Les ruisseaux tombent de tous côtés ; » les cascades s'élancent des montagnes voisi- » nes, pour se mêler aux flots de l'Adour. Le » mélange de culture, de prairies, de trou- » peaux, de forêts et d'habitations, en oppo- » sition avec la sécheresse des montagnes de » l'est, offrent l'aspect d'un vaste et magnifique » jardin anglais, arrosé par dix-huit rameaux » de l'Adour. Quelques-uns, réunis par des » routes secrètes à l'Adour de Suèbe (*Aturus* » *sylvestris*), ne forment plus qu'un même

---

(1) Il y a une auberge à Paillole. Le voyageur qui se rend dans la vallée d'Aure, peut encore faire un assez bon repas dans ces montagnes désertes. Les truites, le beurre frais et le lait s'y trouvent en abondance.

» fleuve aux portes de Bagnères. Il serpente
» d'un cours mal assuré ; on dirait, à le voir
» descendre et retourner, qu'incertain du che-
» min qu'il doit prendre, il cherche à remonter
» vers ses sources. ».

C'est vis-à-vis la ferme de Paillole qu'on
trouve le petit vallon qui renferme les mar-
brières de Campan (1). Cette immense carrière
a été exploitée sous Louis XV, et a fourni
les marbres qui décorent Trianon.

Aussitôt qu'on est sorti de Paillole, on entre
dans d'épaisses forêts qui appartiennent à la
vallée d'Aure ; et l'on commence à s'élever jusqu'aux bases du Pic d'Arbizon, dont la cime
s'abaisse devant celle du Pic du midi. « Enfin,
» l'on atteint le passage de la Hourquette d'Ar-
» reau. Ici le voile tombe d'une façon magi-

─────────

(1) L'expérience a prouvé que ce marbre, peu propre
à souffrir les injures de l'air, n'est d'un bon usage que
dans l'intérieur des édifices. M. Bayen a découvert,
dans la portion assez considérable d'argile qui entre dans
sa composition, la raison de sa sensibilité à l'alternative
de l'humidité et de la sécheresse. Cette terre est partout
où elle se trouve, la cause de la destruction des roches
les plus solides.   (*Obs. sur les Pyrénées.*)

» que; c'est la vallée d'Aure qui se déploie
» toute entière sous les yeux, parée de ses nom-
» breux villages, de ses antiques forêts, de ses
» riches cultures, de ses riantes prairies; c'est
» Arreau, chef-lieu de la vallée, que l'on dé-
» couvre à ses pieds, au bas d'un groupe de
» collines dont les vallées ne paraissent que de
» tortueux sillons, légèrement tracés sur un
» tapis vert ». A Arreau on trouve facilement
des chevaux et des guides pour se rendre à Bagnères-de-Luchon.

Cette année, M. le préfet fera ouvrir une
route pour les voitures de Bagnères à Arreau,
par la marbrière, la Hourquette d'Aspin, et
d'Arreau à Bagnères-de-Luchon, par la vallée de Louron. On pourra commodément se
rendre en un jour de l'une à l'autre ville. L'intérêt des habitans et leur zèle à seconder les vues
de l'administration, rendront cette route praticable aussitôt que possible. S. Exc. le ministre
de l'intérieur, dont la bienveillance pour ce département est continuelle, et qui ne cesse d'ac-
cueillir favorablement tout ce qui peut assurer
sa prospérité, a déjà alloué des fonds pour
commencer les travaux.

La seconde route qui sort de Ste.-Marie, mène
au passage du Tourmalet. Elle fut ouverte par

les ordres de Mme de Maintenon pour conduire le duc du Maine, à Barèges. (1) On retrouve encore sur cette route les beautés de la vallée de Campan : ce sont encore les nombreuses habitations du laboureur et du berger ; ce sont encore les vertes prairies que respectent les flots de l'Adour.

Le chemin de Bagnères à Barèges est très-beau jusqu'à Grip. Là, on quitte la voiture, et l'on suit une route qui vient d'être rendue praticable pour voyager à cheval. A peu de frais on pourrait la réparer, et l'élargir pour y faire passer les voitures. Si cette amélioration peut faciliter les communications entre les deux vallées, l'administration sera bien aise, en faisant ouvrir ce chemin, de contribuer à rendre plus fréquentes les relations entre les habitans,

─────────────────────

(1) Le duc du Maine arriva à Barèges par une tranchée pratiquée à la montagne du Tourmalet. C'est dans une chaumière, alors la seule de ce lieu désert, et abandonné (Barèges), que la veuve de Scarron, comme elle nous l'apprend elle-même, passait son temps à filer, à méditer ces lettres touchantes qui préparèrent son élévation, et qu'elle prit le goût de la retraite.

Voyage dans les Pyrénées franç.

et à procurer un agrément de plus aux voyageurs.

Beaucoup d'étrangers viennent de Bagnères à Grip pour voir les cascades de Tramesaigues, ou pour se rendre à Barèges par le Tourmalet. Il était nécessaire qu'on rendît cette halte agréable et commode. On fait dans l'auberge du village, de bons pique-niques. La salle à manger de cette hôtellerie du désert est décorée d'une boiserie assez singulière.

Grip est situé dans un bassin qui reçoit les eaux d'un torrent. C'est le dernier village que l'on rencontre sur cette route. Ici, tout prend un aspect plus sauvage ; on marche au milieu d'une solitude effrayante : l'Adour se précipite en bondissant sur des rochers couverts de mousse ; plus loin, sur le penchant des monts, des cabanes désertes, asiles d'un peuple nomade, premières habitations de la vallée de Campan. Ces cabanes ont une singulière apparence. Ce sont de petites huttes fort basses, accompagnées d'une cour qu'environne un rustique péristile formé de troncs d'arbres, ou de longues pierres debout, qui supportent un toit de gazon, sous lequel le troupeau se met à l'abri du soleil et du mauvais temps. Le Pic du midi montre de ce côté, une de ses faces escarpées et ruineuses. Il semble menacer cet asile pastoral d'une chute prochaine. Partout le silence du désert, qui n'est troublé que par le passage subit du vent qui agite les feuilles des arbres, ou par le bruit du torrent qui gronde dans le lointain.

Près de là coulent des eaux minérales qui viennent se confondre avec celles de l'Adour. (1)

La route ne devient plus qu'un sentier étroit et difficile. Les cascades de Tramesaigues appellent le peintre et le poëte. On retrouve ici l'effrayante majesté de ces cataractes des déserts de l'Amérique, où la nature a imprimé le sceau ineffaçable de sa puissance. Ces cascades, dont le désordre fait toute la beauté, inaccessibles à l'homme, ne craignent point que sa main dévastatrice détruise le travail de vingt siècles. Mais comment esquisser ce magnifique tableau, car il est impossible de le peindre !

---

(1) C'est une petite source minérale froide, appelée *Baignet*; elle est entourée d'une branche de l'Adour. Cette eau a pour principe dominant le gaz hépatique. Les habitans de cette vallée en usent avec succès pour rétablir les fonctions de l'estomac dans les affections asthmatiques.

LEBRUN. *Traité des eaux minérales.*

L'Adour s'ouvre deux passages à travers les rochers et les troncs des sapins que l'âge a renversés : tant d'obstacles amoncelés sur sa route, multiplient les chutes. Ici, il tombe en nappe argentée; là, il roule des flots d'écume, et, à l'entour de ces cataractes menaçantes, des touffes de verdure et des prés émaillés. Milord assis, le crayon à la main, rassasiait sa vue de ce paysage si beau, si majestueux et si pittoresque.

Après les cascades, on arrive aux cabanes de Tramesaigues. Près de là est une gorge, par où l'on peut gravir sur le Pic du midi, mais avec moins de facilité que du côté de Barèges.

En quittant les cabanes, on trouve les rampes qui ont fait donner à ce lieu le nom de l'Escalette. C'est là où l'on commence à monter le Tourmalet. Non loin de ces rampes, et toujours sur la route, est un riant bassin, où les nombreuses sources de l'Adour jaillissent du flanc de la montagne. Au milieu de ces ruisseaux qui serpentent sur le gazon, on se remet de la fatigue d'une route longue et pénible ; on prend de nouvelles forces ; on monte encore, on atteint enfin le sommet de la montagne

tagne qui domine d'un côté sur la vallée de Barèges, et de l'autre sur celle de Grip.

Nous voici arrivés, milord, au terme de notre voyage ; nous voici sur la crête du Tourmalet, séjour des orages, isthme qui sépare une contrée sauvage d'une contrée où la nature a prodigué toutes ses richesses. Voyez sur notre tête ce Pic du midi dont la cime se cache dans les nues : nous gravirons un jour sur ce fier dominateur de la vallée ; oui, nous verrons son lac, ses neiges éternelles et ses rochers déchirés par la foudre ! Jetez les yeux sur ces montagnes aiguës et décharnées ; elles nous cachent des vallons enchanteurs habités par des tribus à demi sauvages. Heureux montagnards, s'écrie mon ami, vous ignorez peut-être les révolutions politiques qui ont ébranlé les empires ; vous ne redoutez que ces grands bouleversemens de la nature qui n'arrivent qu'après de longs siècles de repos ! votre vie s'écoule paisiblement sous vos cabanes de chaume ; et, dans vos prairies fortunées, étrangers aux passions, vous ne connaissez point l'avarice qui fait le malheur des habitans des villes. Généreux et hospitaliers, vous accueillez avec joie l'étranger ou le curieux égarés dans vos solitudes. Votre ambition finit là où finit votre pâ-

9

turage. Bergers de ces obscures retraites, que
vous êtes heureux!.....

La vue de cette terre infertile, ravagée par le
Bastan, jette dans l'ame un sentiment de tris-
tesse indéfinissable. On se croirait, dans ces montagnes frappées de stérilité, au milieu de l'informe cahos, si du côté opposé, on ne retrouvait
encore cette belle vallée de Campan arrosée
par l'Adour. Ecoutons M. Ramond faire l'histoire de ce fleuve.

« C'est à la crête du Tourmalet, c'est entre
» les rochers hérissés de la vallée de Bastan,
» et les rochers émoussés de l'Escalette, que
» je transporterai l'observateur. D'un côté, je
» lui montrerai le Gave roulant les débris des
» monts ; de l'autre, l'Adour respectant un brin
» d'herbe. Nous suivrons son cours vif, mais
» bienfaisant. Nous verrons ses bords dessinés
» par le gazon, et les rochers qui les divisent
» couverts de mousse. Nous le verrons à Tra-
» mesaigues, tomber en une superbe cascade
» entre des rochers tous couronnés de fleurs.
» Bientôt les sapins accompagneront en touffes
» vigoureuses et pittoresques ses sauts hardis,
» mais innocens. La végétation s'approche de
» lui avec confiance, car il a, depuis long-
» temps, oublié ses anciennes fureurs : les mon-

» tagnes se sont écroulées, il en a nivelé les
» débris; les pentes se sont adoucies; tout fa-
» vorise sa tendance, rien ne l'irrite; et, pour
» quiconque n'a point observé de torrent, ainsi
» en paix avec la nature qui l'environne, le
» tumulte apparent de ses eaux forme un con-
» traste étrange avec le repos de ses rivages. »

~~~~~~

CHAPITRE XIX.

L'ESCALADIEU. --- CHASSE AUX PALOMBES. --- VALLON DE LHEYRIS. --- CABANES D'ORDINSÈDE.

Puisque les promenades lointaines ne vous effraient point, milord, sortons encore de Bagnères, allons errer sur des montagnes peu fréquentées, nous y trouverons des sujets de distraction. Pour jouir des beautés de la nature, il faut du courage : nous n'en manquons ni l'un ni l'autre. Ainsi, munis de vivres dans notre bissac, armés chacun d'un bâton, dirigeons-nous vers des contrées dignes d'être visitées par les étrangers.

Je conseillai à milord de suivre la route qui conduit à Toulouse et aux eaux de Capvern, pour nous rendre à l'ancienne abbaye de l'Es-

caladieu (1), distance de Bagnères, d'environ
deux lieues de poste. Cet ancien couvent est
situé dans un charmant vallon, sur le bord

---

(1) L'abbaye de l'Escaladieu avait remplacé le mo-
nastère de l'ordre des Cîteaux, qui était situé près de
Campan dès l'an 1136. Cette translation eut lieu en 1242.
Béatrix, comtesse de Bigorre, la favorisa, et son mari,
Pierre, vicomte de Marsan, enrichit le nouveau monas-
tère de biens considérables.

L'abbaye de l'Escaladieu devint très-recommandable
par la régularité qu'on y observait, et par le grand nombre de pieux personnages qui la choisirent pour retraite.
On l'appelait l'Ecole de la vertu. Elle fut la mère de
plusieurs monastères du même ordre. S. Bertrand, évêque
de Comminges, y avait fait, dit-on, des miracles. Le pro-
cès-verbal en fut dressé d'après l'ordre du pape Alexandre
III, par Vital, protonotaire du saint-siége; et, sur
l'attestation des religieux qui avaient été les témoins
de sa vie et des miracles qu'il avait opéré, Bertrand fut
canonisé.

Pétronille, comtesse de Bigorre, qui avait été cinq
fois épouse, choisit l'abbaye de l'Escaladieu pour sa retraite, à la fin de ses jours. Elle y fut enterrée, après
avoir fait don au monastère de biens très-considérables.

LABOULINIÈRE. *Ann. stat.*

de l'Arros, non loin du bourg et du château
de Mauvezin (1). Milord se crut transporté devant ces antiques abbayes de l'Ecosse, aujour-
d'hui désertes et ruinées. C'est le même aspect,
la même solitude, le même silence. Le bâtiment de l'Escaladieu était vaste, les cloîtres
et l'église étaient bâtis avec autant de goût que
de solidité. Ses voûtes ne retentissent plus des
chants religieux des moines qui l'habitaient ; elles
résonnent maintenant sous les coups de la hâche
du charpentier et du marteau du forgeron.
Ses jardins, ses belles prairies, ses bois, ses
bâtimens sont peuplés d'ouvriers et d'agriculteurs laborieux. Etonnant effet des révolutions

---

(1) L'ancien château de Mauvezin appartint d'abord
aux comtes de Bigorre, ensuite aux comtes de Foix.
Il est situé sur un monticule très-élevé. Ce château était
regardé autrefois comme imprenable ; il est maintenant
abandonné, et n'offrira bientôt que des ruines. Le duc
d'Anjou l'assiégea en 1374, et força la garnison, qui
avait pour capitaine Raymonet de l'Espée, gentilhomme
gascon, commandant le château pour les Anglais, à lui
remettre cette place, après être parvenu à la priver de
l'eau que lui fournissait un puits extérieur.

LABOULINIÈRE. *Ann. stat.*

et de la marche rapide de l'esprit philosophique
du siècle!..... Les moines, enrichis par les dons
inconsidérés des princes crédules, vivaient,
dans une tranquille insouciance au sein des
richesses et de l'oisiveté. La fin du 18.ᵉ siècle
a renversé ce système politique. Les domaines
affectés spécialement à la dotation des couvens
ont passé dans les mains de propriétaires ac-
tifs qui ne les laissent point incultes; les cloîtres
silencieux ne sont point déserts, ils sont con-
vertis en ateliers dont les produits rehaussent
notre gloire nationale. Si l'Escaladieu fournit
au peintre des tableaux charmans, il donne,
comme la chartreuse de Grenoble, mille sujets
de méditation sur les changemens inconceva-
bles opérés depuis un quart de siècle dans les
mœurs et dans le caractère français. C'est au
propriétaire de cette abbaye, M. Dubarnet., que
l'on doit la perfection des travaux entrepris sur
la route qui traverse la forêt du Kersan. L'a-
gréable situation du monastère, joint au bon
accueil qu'on est sûr de trouver à l'Escaladieu,
invitent les étrangers à faire un voyage dans
cette contrée.

Maintenant, milord, passons l'Adour, et
montons la côte près du village de Gerde. Non
loin de là est une gorge où se fait, chaque an-

née, la chasse aux Palombes (1). Les dames
viennent ici en partie de plaisir, pour assister
à cette chasse amusante, qui a lieu depuis la
mi-septembre jusqu'au 15 novembre.

De grands filets appelés *Pantières*, sont ten-
dus au fond de la gorge et attachés aux arbres. Trois mâts plantés triangulairement dans
la terre, et élevés d'environ 22 toises, réunissent
leurs extrémités supérieures en forme de pyramide, qui supporte une espèce de nid dans
lequel se blotit le chasseur. Deux hommes cachés dans les broussailles, se tiennent prêts à
renverser les filets sur les palombes. Celui qui
doit se jucher dans le nid, y monte par le moyen
d'échelons cloués à l'un des mâts. Le poids
de son corps, la vîtesse de l'ascension, donnant le mouvement à ces mâts flexibles, produisent un balancement qui glace d'effroi les
spectateurs. Mais lui, tranquille, s'élève avec
sécurité jusqu'à son trône de jonc. Il attend
patiemment l'arrivée des palombes qui voyagent
par troupes. Un roulement sourd annonce l'approche de ces oiseaux. Aussitôt la sentinelle vi-

---

(1) Espèce de pigeon ramier d'un gris cendré.

gilante cachée dans le nid, se dresse, s'agite,
lance des morceaux de bois sur la troupe, ef-
frayée déjà par les balancemens de la fragile
pyramide; ces timides oiseaux croyant fuir l'é-
pervier, s'enfoncent davantage dans la gorge,
et viennent tous se prendre dans les filets qui
leur ferment le passage. Alors les deux autres
sentinelles lâchent les cordes, et ramassent le
produit de la chasse.

Si vous êtes botaniste, ne négligez point de
visiter la montage de Lheyris. Venez y faire d'in-
nocentes conquêtes. Le célèbre Tournefort l'a
parcourue; comme lui, venez y remplir votre
herbier. Cette montagne est féconde en plantes
rares.

Si vous voulez me suivre, nous arriverons
dans un lieu où l'écho le plus fidèle répète dis-
tinctement une phrase entière. Nous verrons
ensuite le *puits d'Arris*, que le vulgaire, ami
du merveilleux, croît un abîme incommensu-
rable. Nous visiterons les grottes de la *Gourgue*
et de *Coume-Barade*.

Quittons le vallon de Lheyris, milord; traversons ces forêts pour atteindre les cabanes
d'Ordinsède. C'est là que nous attend le plus
beau spectacle que la fiction puisse imaginer.
Bravons un instant de fatigue : voilà le plateau

où se rend le peintre; il domine, d'un côté, sur une gorge voisine de Sarrancolin, et de l'autre, sur la vallée de Campan. Enfin, nous touchons aux cabanes tant désirées. Voilà l'étendue entière de cette vallée délicieuse, depuis Grip jusqu'au chef-lieu. C'est d'ici que l'œil découvre ces innombrables maisonnettes qui semblent ne former qu'un seul village depuis Campan jusqu'à Grip; et ces terres et ces prairies s'élevant de la plaine jusqu'aux bords des forêts de sapins; les unes couvertes de moissons et les autres de fleurs printannières, toutes ombragées par un bosquet, toutes sillonnées par d'intarissables ruisseaux qui viennent à regret se joindre à l'Adour grondant au pied de la montagne. Nous distinguons aussi les trois villages de la vallée. A l'extrémité de la gorge, dans le lointain, celui de Grip; sous nos pieds, Ste.-Marie, et, au milieu de ce jardin, Campan s'élève comme le roi de la contrée. (1).

Je m'étais fait une toute autre idée, me dit milord, de cette vallée que je ne puis cesser

---

(1) On peut voir ce tableau pris des cabanes d'Ordinsède, au cabinet de M. Jalon.

d'admirer. Je comptais bien y trouver tout ce que la nature peut étaler de magnificence ; mais ce qui me surprend, c'est l'immensité de cette colonie pastorale; c'est aussi l'industrie de l'homme qui a soumis à l'agriculture toutes ces collines , jadis abandonnées et stériles pour en faire son patrimoine ; c'est ce fleuve descendant sans fougue des montagnes et distribuant son onde aux prairies. Je l'avoue : il n'existe pas un tableau plus attrayant, et le plaisir que j'éprouve à en rassasier ma vue, me récompense bien de la fatigue que j'ai essuyée pour me le procurer.

———

CHAPITRE XX.

Projet proposé par M. le Préfet des Hautes-Pyrénées, pour la construction d'un grand établissement thermal à Bagnères.

IL serait juste, en commençant ce chapitre, de payer un tribut d'éloges à S. Exc. le Ministre de l'intérieur, sous les auspices duquel seront entrepris d'immenses travaux dans tous les établissemens des Pyrénées. Quoique cette tâche soit honorable pour l'écrivain qui se l'impose, nous voulons préalablement faire connaître tout ce qu'approuve ce ministre éclairé, afin que les voyageurs ajoutent leur reconnaissance à la nôtre.

Encouragé par Son Exc., M. le comte de Milon-de-Mesne, prend un intérêt particulier à l'amélioration des établissemens thermaux de son département. Tout ce qu'il a fait, tout ce qu'il se propose de faire encore, tend à leur donner un plus haut degré de splendeur. Barèges, Cauteretz, (1) St.-Sauveur et Bagnères verront bientôt dans leurs sites rians, ou sur leurs rochers pittoresques, des établissemens dignes de la célébrité de leurs eaux et des étrangers qui viennent les visiter. Mais Bagnères que l'égoïsme n'a cessé de calomnier ; cette ville, fière encore de son antique réputation, méritait toute la sollicitude du ministre du Roi et du premier magistrat de la province. La fontaine ferrugineuse fut leur premier bienfait : à peine utilisée, elle compte déjà des cures bien constatées, et chaque saison attirera vers sa source une multitude de malades qu'on n'aurait pas vus, sans le zèle que l'administration a mis à la livrer à leurs besoins. M. le Préfet a conçu un plus grand dessein, de la réussite duquel dépend la restauration de l'ancien lustre des eaux minérales de cette ville. Il a adressé à Son Exc. le Ministre de l'intérieur le projet d'un grand établissement thermal.

---

(1) Déjà des projets conçus par M. le Préfet pour Barèges, Cauteretz et Capvern, ont été approuvés par Son Excellence.

Il consiste à faire descendre la source de la Reine presqu'au niveau de la ville, non loin des prisons. On y réunirait celle de St.-Roch, une partie de celle du Dauphin, dont le volume des eaux est surabondant pour alimenter constamment les deux piscines qui s'y trouvent, ainsi que celles de Fontaine-Nouvelle (1), des Pauvres, de la Goute et du Foulon.

Les eaux des sept sources seraient réunies dans un même établissement. Le canal de l'Adour, qui longe le terrain où l'on se propose de construire, servirait de canal de vidange. On pourrait même le laisser en avant ou en arrière de l'édifice projeté.

La fontaine de Salies, qui se trouve à la droite de l'établissement, ne doit point y être réunie. Elle a un autre genre d'utilité : elle sert à tous les usages domestiques, sans que l'on soit obligé

—————————————————

(1) Depuis long-temps ces deux piscines n'étaient point utilisées. M. le Préfet les a faites réparer. Elles sont destinées pour les pauvres qui s'y baignent gratuitement. L'une est pour les femmes, l'autre pour les hommes. Le bain du Dauphin est la seule construction qui appartienne au Gouvernement : il doit être conservé avec soin.

d'en faire chauffer l'eau : elle est aussi très-bonne pour les blessures des chevaux.

Les sept sources dont il vient d'être parlé s'élèvent de 28 à 40 degrés de chaleur : on est obligé d'avoir, dans une partie des bains actuels, des réfrigérans pour les obtenir au degré prescrit par la faculté. D'après l'avis de plusieurs docteurs et autres gens de l'art, elles ne perdraient rien de leurs principes et de leurs vertus, dans les canaux qu'elles auraient à parcourir.

Le nombre de baignoires ordinaires serait de 28, plus les douches et deux bains de vapeur qui sont absolument nécessaires. Le centre de l'établissement pourrait être double et à deux étages : les deux extrémités simples et à un étage. Dans l'étage supérieur du milieu, il conviendrait d'établir un promenoir couvert, un billard et un cabinet littéraire ; les deux extrémités pourraient être couvertes en plate-forme, et offriraient deux promenoirs qui seraient fort agréables, lorsqu'après la pluie les allées seraient trop boueuses, surtout pour les malades, auxquels toute espèce d'humidité peut être nuisible.

Les différentes sources devant être conduites dans des canaux respectifs, l'on pourra jouir du bain de chacune d'elles suivant la maladie.

Ce projet a été soumis à l'approbation du Gouvernement, qui en a de suite adopté en principe le système.

———

CHAPITRE

CHAPITRE XXI.

Arrêté de M. le Préfet, portant réglement et tarif pour les eaux minérales de Bagnères.

LE Comte de MILON-DE-MESNE, Chevalier de l'ordre royal et Militaire de St.-Louis, Préfet du département des Hautes-Pyrénées,

Vu les tarifs du prix des eaux, bains et douches des établissemens de Bagnères et Labassère, en date des 5 mai 1781 et 12 floréal an 12 (2 mai 1804);

Considérant que depuis cette époque, de nouvelles dispositions sont devenues nécessaires, sous le rapport de l'ordre, de la discipline et des obligations imposées au médecin-inspecteur;

De l'avis du sous-préfet de Bagnères, après avoir pris nnaissance des pétitions des propriétaires des bains,

10

présentées en 1804, et sur la proposition du médecin-
inspecteur ;

ARRÊTE le Réglement suivant ;

ON PAIERA :

	fr.	c.
Pour la boisson de la matinée.	»	10
Pour un bain, dont la durée sera d'une heure lors-qu'on n'usera pas des porteurs.	»	75
Et lorsqu'on se servira des porteurs, tout compris. .	1	15
Pour une douche, sans porteurs.	»	50
Pour une douche, avec porteurs	»	90
Il sera payé par hectolitre d'eau qu'on puise pour ex-porter.	1	»
SALUT, comme les autres établissemens, aura par bain	»	75
Mais, à raison de son éloignement, on donnera en sus pour les porteurs, si l'on s'en sert	1	25
Pour le même motif, on donnera pour les porteurs aux bains de la Reine, de Fontaine-Nouvelle et de l'Hospice.	»	60

On laissera boire et baigner partout, aux heures le
moins recherchées, les malades étrangers peu aisés, pour
le prix qu'ils offriront, et les habitans de Bagnères, selon
l'usage.

Les militaires se baigneront gratis depuis midi jusqu'à
quatre heures, et depuis dix heures du soir jusqu'à quatre
heures du matin.

Il en sera usé de même pour les pauvres qui justifieront
de leur indigence, sur l'ordonnance du médecin-inspecteur.

Les malades qui se proposent de faire usage des eaux

minérales, soit sous la forme des bains, soit sous celle
des douches, préviennent le médecin-inspecteur des
eaux, afin qu'il puisse indiquer à chacun des malades
l'heure à laquelle ces remèdes peuvent être administrés.
(*Arrêt du Conseil d'Etat du 5 mai* 1781 , *art.* 18.)

Pour l'exécution de cet article, le médecin-inspecteur
tiendra un registre où seront inscrits les noms des étrangers qui voudront avoir des heures fixes ; ce registre sera
paraphé par le sous-préfet, et il lui sera représenté toutes
les fois qu'il en fera la demande. L'ancienneté de l'inscription réglera le choix des heures des bains et des douches. Les personnes qui discontinueront leurs bains et
leurs douches pendant plus de trois jours, perdront leur
heure, à moins que ce ne soit pour cause de maladie ;
en cas de contestation, l'inspecteur statuera.

Si le malade ne se rend pas au bain à l'heure qui lui
aura été fixée, il sera obligé d'en payer le prix comme
s'il en avait fait usage. Si l'ordonnance du médecin prescrit au malade de rester dans le bain plus d'une heure
le prix sera double de la taxe ; mais, dans aucun cas,
les baigneurs ne se permettront pas d'exiger que le malade
sorte du bain avant le temps qu'il lui est permis d'y rester, à moins que l'ordonnance du médecin, dont il sera
porteur, ne le prescrive d'une plus courte durée.

Les personnes de sexe différent ne pourront se baigner
ensemble ; elles ne seront servies que par des baigneurs
de leur sexe.

Les deux piscines du bain du Dauphin sont exclusive-
ment réservées aux militaires et aux indigens et indi-
gentes.

Les baigneurs et baigneuses seront tenus de leur donner

gratuitement tous les soins que leur état exigera durant le bain. Les porteurs les porteront et reporteront aussi gratuitement, lorsque leur état l'exigera.

Les portes et les croisées des bains et des douches, seront bien closes, et les croisées munies de bons rideaux; les baignoires numérotées.

Les propriétaires et fermiers des bains et des douches se pourvoiront d'un nombre suffisant de porteurs, de baigneurs et baigneuses pour leur service. Ils seront sous leur discipline; mais s'ils manquent à des étrangers, le commissaire de police en préviendra le médecin-inspecteur, et ces deux fonctionnaires en provoqueront le renvoi par M. le sous-préfet, sans préjudice des autres peines encourues. Les étrangers n'auront rien à démêler avec ces subalternes; ils paieront tout au propriétaire ou fermier, qui ne pourra exiger que les prix déterminés ci-dessus, dans lesquels il doit trouver les gages des baigneurs et baigneuses, et les frais de ses chaises à porteurs. S'il exigeait de plus haut prix, il sera poursuivi et puni comme concussionnaire.

L'inspecteur surveillera et inspectera toutes les parties du service public, le maintien de l'ordre, de la propreté et de la salubrité dans tous les établissemens thermaux. Les ordres qu'il donnera concernant ces objets seront ponctuellement exécutés. Il pourvoira à ce que les différens vases, contenant les eaux minérales qui doivent être exportées, soient exactement bouchés, bien goudronnés et scellés sur les bouchons, d'un cachet gravé à cet effet.

La source de Labassère étant à une distance trop éloignée de Bagnères pour que les malades puissent se rendre sur le lieu pour y boire, le fermier est autorisé à établir à Bagnères un dépôt des eaux provenant de cette source, qui sera sous la surveillance du médecin-inspecteur, ainsi que tous ceux qu'on pourra y établir d'eaux minérales, n'importe à quelles sources elles aient été puisées.

Il donnera gratuitement ses conseils et ses soins aux militaires et aux indigens.

Le médecin-inspecteur nous fera connaître, tous les ans, à la fin de la saison, dans un tableau analytique, les maladies des personnes de l'un et de l'autre sexe qui ont fait usage des eaux, les traitemens qu'elles ont subi, et le résultat qui en a été obtenu.

L'inspecteur rendra chaque année au préfet, un compte détaillé de tous les établissemens thermaux. Il lui fera connaître les réparations nécessaires, et lui indiquera les améliorations qu'il jugera convenables dans ceux appartenant au gouvernement, ou à la ville.

L'arrêt du Conseil d'Etat du 5 mai 1781, et les arrêtés du Gouvernement, postérieurs, relatifs aux eaux minérales, continueront à être exécutés.

Le présent sera imprimé, publié et affiché dans tous les établissemens thermaux de Bagnères et Labassère. Le sous-préfet du deuxième arrondissement tiendra la main à son exécution.

A Tarbes, le 5 avril 1816.

Le Comte DE MILON-DE-MESNE.

~~~~~~

CHAPITRE XXII.

MANUFACTURES.

UNE contrée arrosée par des eaux abondantes, couverte en partie de prairies, riche en troupeaux, devrait posséder des manufactures qui pourraient rivaliser avec celles de Limoux et de Carcassonne. Les laines y sont extrêmement variées dans leurs qualités; la vallée de Campan, et toute la partie de l'arrondissement comprise entre Bagnères et Lomné, produisent les plus belles. La qualité des prairies leur donne seule cet avantage, et c'est là que l'amélioration de la race serait prompte et facile, à l'aide du croisement des mérinos. On aurait bientôt, par cette opération, les matières premières pour la fabrication des draps fins. Déjà il en a été fait de fort beaux à Bagnères avec des toisons de choix.

L'étranger ne doit point négliger de visiter la manufacture de draps de MM. Costallat et Marc. Ces négocians ont donné le plus grand développement à la branche de commerce qu'ils ont, pour ainsi dire, créée. Ils emploient maintenant les plus belles mécaniques pour les différentes préparations des étoffes. Le succès de cette fabrication en est encore dû à l'intelligence et à l'activité de M. Costallat. Ce négociant a une scierie de marbre de deux lames à Bagnères, et, pour donner plus d'extension à cette branche d'industrie, il a établi une autre scierie de seize lames pour utiliser les marbres de Sarrancolin et autres.

On fabrique à Bagnères, Campan, et autres petites communes environnantes, des cadis, des étamines et reverses rayées, des voiles et des tricots de laine, façon de Berlin.

Le cadis est l'étoffe ordinaire employée par les habitans de la ville et de la campagne. Il s'en fabrique environ 4000 pièces par an. Cette manufacture emploie 48,000 kilogr. de laines.

L'étamine est une étoffe dont la laine est filée au fuseau. Elle est d'un tissu fin, et est d'un grand usage. Les dessins en sont variés avec beaucoup de goût et d'intelligence ; le fabricant fait lui-même une grande partie des couleurs avec économie et solidité. On en fait 2000 pièces par an, et 19,200 kilogr. de laines sont employées à sa fabrication.

Les reverses sont faites avec des laines communes. Cette étoffe ne reçoit aucun apprêt. On en fabrique 4 ou 500 pièces par an.

La fabrication des voiles ou crépons était considérable autrefois, parce que les femmes des cultivateurs et des artisans de la contrée en portaient dans toutes les cérémonies, et qu'il s'en expédiait beaucoup en noir pour l'Espagne. Cette double consommation a cessé : cependant cet article a repris un peu de faveur ; la mode lui donne une certaine valeur précaire. Les dames en font des robes et des schals d'un très-haut prix, parce qu'il faut la plus belle laine de la contrée, et que la filature, qui doit se faire toute au fuseau, lui donne une grande valeur.

Des robes, des schals, des tapis, des couvre-pieds, des gilets, des pantalons, variés à l'infini dans leurs couleurs, leurs formes et leurs dessins, soutiennent, depuis quelques années, une branche d'industrie très-importante pour Bagnères. Presque toutes ces productions sont l'ouvrage des femmes, et la moitié au moins de celles de la ville y emploient tous les

instans que leur laissent les soins du ménage;
chaque année, leur imagination et leur dex-
térité donnent au travail de leurs mains, des
formes nouvelles, ce qui semble promettre une
longue existence au débouché des productions
de leur intelligence et de leur activité.

La fabrique de faïence de MM. Destrade et
Forgues, mérite, par son importance et les
succès qu'elle a déjà obtenus, les encourage-
mens de l'administration et l'attention des étrangers. Nous avons vu des vases en terre cuite,
de forme antique, ornés de bas-reliefs, qui
attestent le bon goût des ouvriers; la faïence
marbrée à l'instar de celle de Sarguemines et
autres de la même espèce, est susceptible d'atteindre un plus grand degré de perfectionne-
ment. Ils ont aussi le projet d'ajouter à leur
fabrication celle de la vaisselle en terre anglaise,
dite de Wekwood.

Mme Ve Brun a fait, depuis quelque temps,
de grandes améliorations à sa papeterie. Elle a
obtenu l'avantage de fabriquer le plus beau et
le meilleur papier du pays. Le commerce qui
se fait avec l'Espagne et le Portugal absorbe
la plus grande partie des papiers qui sortent
des manufactures du département.

~~~~~~

CHAPITRE XVIII.

Hauteurs des principaux Pics , Ports ou Passages des Hautes-Pyrénées calculées par M. Ramond.

1.° D'APRÈS les nivellemens faits par les ingénieurs Flamichon et *Moisset*, depuis la barre de Bayonne , jusqu'à Pau, Lourdes et Tarbes ;

2.° D'après un nivellement fait en 1776 , par MM. *Monge* et *Darcet*, depuis Luz jusqu'au sommet du pic d'Ayré ;

3.° D'après le nivellement de MM. *Vidal* et *Reboul* ;

4.° D'après plusieurs opérations trigonométriques faites par les mêmes aux sommets du Pic du Midi , de Neouvielle et du pic de Bergons ;

5.° D'après deux triangles calculés par l'auteur, pour vérifier la position du pic d'Arbizon, du pic Montaigu et de la pene de Lheyris, relativement au Pic du Midi ;

6.° Enfin, d'après une longue suite d'observations ba-

rométriques faites par l'auteur, en commun avec M.
Dangos;

	Mètres.	Toises.
1.º Le Pic du Midi. . . .	2923 . . .	1506.
2.º Le Pic Montaigu. . .	2376 . . .	1219.
3.º Le Pic d'Arbizon. . .	2885 . . .	1480.
4.º Le Pic d'Ayré.	2469 . . .	1267.
5.º Le Pic d'Eretlids. . .	2358 . . .	1210.
6.º Le Pic d'Estrade. . .	2742 . . .	1375.
7.º Neouvielle.	3155 . . .	1619.
8.º Le Pic-long.	3251 . . .	1668.
9.º Le Pic de Bergons. . .	2113 . . .	1084.
10.º Le Piméné, environ..	2923 . . .	1506.
11.º Le Mont-Perdu. . . .	3436 . . .	1763.
12.º Le Cylindre.	3332 . . .	1710.
13.º 1.º Tour du Marboré..	3188 . . .	1636.
14.º Brèche de Roland. . .	2943 . . .	1570.
15.º Vignemale.	3356 . . .	1722.

ÉLÉVATION DES PRINCIPAUX PORTS OU PASSAGES
d'après M. *Ramond.*

Le port de Cavarrère, nouvellement tracé au fond de
la vallée d'Aure, a la hauteur

	Mètres.	Toises.
approchée de.	2243 . . .	1251.
Celui de Pinede a.	2512 . . .	1291.

Celui de la Canaux est plus
élevé.

Celui de Gavarnie, le plus
fréquenté des passages des Hautes-Pyrénées, a. . . . . 2531 . . . 1196.

Le Tourmalet, passage inté-
rieur, a. . . . . 2175 . . . 1126.

CHAPITRE XXIV.

ADMINISTRATIONS DE BAGNÈRES.

Sous-Préfecure.

M. Gauthier d'Hauteserve, *sous-préfet.*

Membres du Conseil d'Arrondissement.

MM.

Dubernet.

Hyacinthe d'Uzer, *chevalier de St.-Louis.*

Graciette aîné.

Fortanné père, de Cieutat.

Ferrère, d'Asté, *docteur médecin.*

Abadie, de Trebons.

Sintis, de Castelnau.

Dutrey, de Monléon.

Peyriga père, de Bourg.

Mairie.

MM.

Alexandre Dufour-d'Antist, *ch.ᵣ de St.-Louis, Maire.*

Béguerie, 1.ᵉʳ *adjoint.*

Forpomès, *adjoint.*

Ramonet, *secrétaire.*

Membres du Conseil municipal.

MM.

Mathias Dumoret, *chevalier de St.-Louis.*
Ramonet jeune, *négociant.*
Costallat, *idem.*
Marc, *idem.*
Jean-Marie Dumoret.
Poinsenet.
Darnaud, *général.*
Blagean, *avoué.*
Ganderax.
Barrau, *propriétaire.*
Graciette aîné, *négociant.*
Perez, *propriétaire.*
Drouilhet, *idem.*
Desauviac, *idem.*
Despiau.
Trésarrieu.
Pailhé.
Romain fils.
Roujou.
Doubrère.
Sarrabeyrouse.
Daste.
Carrère-Lanes.
Milhas.
Pecautet, *négociant.*
Boé, *idem.*
Victor, *receveur municipal.*
Descuns, *commissaire de police.*

Receveur particulier.

M. Roujou.

Impositions indirectes.

MM.

Harriet, *directeur.*
Blegier, *receveur.*
Bayhaud, *préposé de la régie, chargé en chef du service de l'octroi.*

Tribunal civil.

MM.

Rousse, *président.*
Trésarrieu, *procureur du Roi.*
Piqué, *juge.*
Carmouze, *juge d'instruction.*
Laffeuillade, *substitut.*
. . . . . ., *greffier.*

Avocats et Avoués.

MM.

Cazes et Tajan, *avocats-avoués, associés.*
Pailhé, *avocat-avoué.*
Blagean, *idem.*
Borgella père, *idem.*
Piera, *idem.*
Despiau, *avoué.*
Galiay, *idem.*

Cardeilhac, *idem.*
Bousigues, *avocat.*
Lay, *idem.*
Borgella fils, *idem.*

Enregistrement et Domaines.

MM.

Leschenault, *vérificateur.*
Daste, *receveur.*

Justice de Paix.

MM.

De Cazabonne, *juge.*
De Sauviac, *suppléant.*
Vedère, *idem.*
Carrère, *greffier.*

Tribunal de Commerce.

MM.

Graciette aîné, *président.*
Camus, *juge.*
Doubrère, *idem.*
Fortanné fils, *greffier.*

Notaires.

MM.

Etienne Forpomès.
Jean-Marie Dumoret.
Hector Fréchou.
Germain Lias.
Guchan. (Il n'existe plus.)

Membres de l'Administration de l'Hospice civil.

MM.

L'abbé Lavenère, *aumônier.*
Peyret, *propriétaire.*
Graciette aîné, *négociant.*
Destrade, *propriétaire.*
Sarabeyrouse cadet.

Membres du Bureau de bienfaisance.

MM.

Peteilh, *curé.*
Perez, *propriétaire.*
Soulé.
De Cazabonne.
Graciette aîné, *négociant.*

Collège.

MM.

Brau, *prêtre, principal.*
Sarabeyrouse, *professeur de latin.*
Pambrun, *idem.*
Ferrel, *idem.*
Garière, *idem.*
Souviron, *professeur de mathématiques.*
Jalon, *professeur de dessin.*

Médecins.

Médecins.

MM.

Ganderax, *chevalier de la légion d'honneur, inspec-
teur des eaux thermales.*
Sarabeyrouse aîné.
Pinac.
Salaignac.
Jean-Pierre Dumoret.
Védère.
Sarabeyrouse cadet.

Médecins et Chirurgiens.

MM.

Lalanne fils.
Bonnet.
Romain fils, *professeur d'accouchemens.*
Soulé.
Despieilh.
Etienne Jaula.
Lalanne père.

Pharmaciens.

MM.

Lavigne.
Doubrère.
Menon.
Camus.
Dumoret.

Gendarmerie Royale.

MM.

De Guibourg, *lieutenant.*
Dours, *maréchal-des-logis.*

Poste aux lettres.

Le courrier part les mardi, jeudi et samedi. Il arrive les mêmes jours.

M. Soutras, directeur, rue des Jacobins.

Maisons où peuvent loger des voyageurs de distinction.

Chez Mmes

Veuve Decamps.	Veuve Soubies.
Veuve Bellegarde.	Veuve Comorès.
Veuve Lasserre.	Veuve Montagut.
Veuve Dumoret.	Veuve Rivière.

Chéz M.^{rs}

Darnaud.	Pecantet, *négociant.*
Duffo.	Hiacinthe d'Uzer.
De Torné.	De Jaulas.
Victor.	Jalon.
Graciette aîné.	Lasserre.
Ramonet jeune.	Pinac, *docteur médecin.*
Perez.	Comet.
Drouilhet.	Dumoret, *médecin.*

De Sauviac.

Menon.

Boé.

Destrade.

Latour.

Gaye.

Rousse , *président.*

Barreau.

Bonnet.

Pambrun, *professeur.*

Berot-Lagarde.

Garrens et autres.

M.elles Dariès.

FIN.

TABLE

DES MATIÈRES.

Fin de la Table.

www.ingramcontent.com/pod-product-compliance
Lightning Source LLC
Chambersburg PA
CBHW060430090426
42733CB00011B/2212

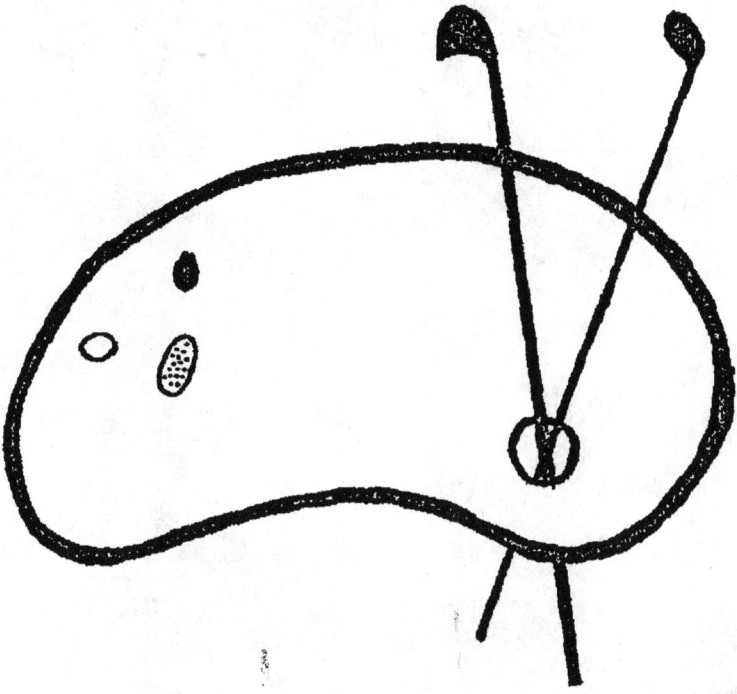

COUVERTURE SUPERIEURE ET INFERIEURE
EN COULEUR

ESSAI

SUR LA MARINE ANCIENNE

DES VÉNITIENS.

E S S A I

SUR LA

MARINE ANCIENNE

D E S   V É N I T I E N S

Dans lequel on a mis au jour plusieurs cartes
tirées de la Bibliothèque de St. Marc, anté-
rieures à la découverte de Cristophe Colomb,
& qui indiquent clairement l'existence des
isles Antilles.

PAR VICENZIO FORMALEONI

TRADUIT DE L'ITALIEN

PAR LE CHEVALIER D'HENIN

Officier au Régiment des Dragons de Languedoc,
Chargé des affaires de Sa Maj. Très-Chrétienne
près la Serenissime Republique de Venise.

V E N I S E   1 7 8 8.

CHEZ FORMALEONI.
Avec Permission & Privilège.

ÉPITRE DÉDICATOIRE

DU TRADUCTEUR

A SON EXCELLENCE

MADAME LA COMTESSE

DE URSINS ET ROSEMBERG,

NÉE WYNE CY DEVANT AMBASSADRICE DE S. M.

IMP. ROY. ET APOSTOLIQUE PRÈS LA SÉR. RÉP.

DE VENISE.

MADAME LA COMTESSE,

EN Vous offrant la dédicace d'une traduction, je me compare à un pauvre cultivateur, qui présente à un grand Prince quelques chétives productions de son jardin. Le présent n'est proportionné qu'à celui qui l'offre: c'est plutôt un hommage, qui ne peut trouver grâce aux yeux du personnage qui le reçoit, qu'en

A 3

faveur de la simplicité & du bon cœur
de celui qui ose le présenter.

C'est dans ces sentiments, Madame
la Comtesse, que je prends la liberté de
vous dédier une traduction. Votre nom
déjà consacré dans la République des
lettres par des productions aussi brill-
lantes qu'agréables, donnera en paroissant ici, du relief au foible essay de
mes forces, dans une langue que je cultive depuis peu de tems. Vous pouvez
être juge sévère par la parfaite connoissance que vous avez de la langue
Françoise et Italienne, sans parler
de celles que vous possedez encore, entre autres les langues Allemandes et
Angloises; mais je compte sur votre
bonté indulgente qui vous caracterise
et qui réunit en votre faveur les suf-
frages de ceux, qui ont le bonheur de vous
connoître. Les graces, et les avantages
que la nature vous a accordé et qu'accompagne une naissance distinguée,
pourroient seules vous rendre l'ornement
de la Société; mais vous savez encore

faire taire l'envie, et vous faire
pardonner la supériorité de votre gé-
nie, en ne paroissant dans les cercles
que femme aimable, & non femme savante.

En rendant ici un hommage public à
votre mérite, Madame la Comtesse, je
suis autant l'echo de ceux qui vous con-
noissent, que l'interprète fidèle, des
sentiments d'admiration, d'estime &
de respect, avec les quels,

J'ai l'honneur d'être,

MADAME LA COMTESSE

De Votre Excellence

le très humble &
très obéissant serviteur
LE CHEVALIER D'HENIN.

A 4

A V I S
DE L'AUTEUR.

━━━━━━━━

Si je publie de nouveau dans cet essai (*) sur la marine ancienne des Vénitiens, quelques cartes hydrographiques tirées de la Bibliothéque de St. Marc à Venise, que j'avois déjà inséré dans le tome VI. de l'Histoire des Voyages; qu'on ne croye pas, que ce soit pour satisfaire aux recherches des littérateurs Italiens, aucun d'eux ne m'en ayant témoigné le désir. Les étrangers seulement m'y ont excité par des encouragements multipliés & sur tout Monsieur le Comte de Vergennes, premier Ministre de Sa Majesté très-chrétienne qui fut instruit, je ne sai par quelle voie, de la publication de mon ouvrage, & m'en fit demander quelques exemplaires. Accoutumé à l'indolence italienne, je fut

━━━━━━━━

(*) Cet ouvrage a été imprimé à Venise dans l'imprimerie de l'Auteur en 1783 avec l'approbation des Supérieurs.

très surpris qu'au milieu des affaires multipliées d'un royaume aussi vaste que celui de la France, il lui eut été possible de porter un coup d'œil, jusque sur des objets aussi petits. C'est donc pour satisfaire à l'emprêssement des étrangers, & répondre à l'honneur qui m'a été fait par un personnage aussi illustre, que j'ai crû devoir publier de nouveau, les mêmes cartes hydrographiques avec plusieurs corrections & augmentations & de les joindre ici comme ayant un très grand rapport avec la marine des anciens Vénitiens; me flattant d'ailleurs de faire une chose agréable à tous les amateurs de ce genre de littérature.

ESSAI

SUR LA MARINE ANCIENNE

DES VENITIENS

EN réfléchissant quelquefois sur l'histoire des sciences & des arts, il m'a semblé qu'il y a une distance infinie entre la vérité & l'image qui en reste à la postérité tardive & souvent trompée. Repassant ensuite avec rapidité dans mon imagination, les personnages fameux qui ont figuré le plus dans leur tems, je me suis dit en moi-même, ah combien le hazard & l'injustice a eu part à votre gloire!

Qu'il me soit permis de réfléchir un peu sur la misérable condition des mortels, sur notre malheur auquel la nature a ajouté le désir de savoir, & même de tout savoir; instinct empoisonné, qui a porté à son comble le bien & le mal qui est attaché à notre existence.

L'homme nait privé d'idées, il se consumme & meurt tandis qu'il en fait l'acquisition. Ses connoissances s'anéantissent avec lui, & un seul moment détruit l'ourage de plusieurs années : il n'est pas plus exempt d'un si cruel destin, que les bêtes qui habitent la surface de notre globe. La nature semble n'avoir produit l'homme que pour s'en mocquer & en faire son jouet en le trompant par l'illusion des idées agreables, mais vaines & fauses, qui le transportent hors de sa sphère, ainsi que par le désir de l'immortalité, qui l'occupe & le remue avec tant de violence. Tout en courant vers la destruction à laquelle il se voit destiné, cette manie l'occupe tout entier & conduit tous ses pas. Il imagine qu'il s'éternisera dans ses enfans, qu'il passera à la postérité par ses actions, soit en construisant un palais, en élevant un temple, en faisant un livre, ou même en commandant un tombeau, qui démontre cependant sa folie d'une manière évidente.

Les belles lettres, les sciences & les arts doivent leur naissance à cette manie de l'immortalité, & c'est par cette raison, que toutes les fois que les sciences en général viendront à s'éteindre, elles renaitront toujours tant qu'il y aura des hommes sur la terre: malgré ce qu'au rapport de Platon, les Philosophes Egiptiens disoient à Solon, qu'à certaines époques il venoit des déluges & des dérangements universels, qui boulversoient la terre, detruisoient l'ouvrage des hommes, & enlevoient aux générations suivantes les lettres & les arts: cependant ces mêmes sciences se rétablissent toujours peu à peu, & leur dépérissement & leur renaissance, font partie de ces révolutions fréquentes qui arrivent dans la nature. L'homme & ses ouvrages sont soumis à des loix communes; il meurt: les sciences & les arts meurent aussi: les grandes révolutions les anéantissent sur toute la surface du globe: celles qui sont moins considérables les détruisent dans un climat, pour les transférer dans un autre; les font décheoir chez une nation pour les communiquer à une autre; elles dégénèrent dans un siècle & refleurissent dans un autre. Quelquefois des peuples grossiers & sauvages ramènent la barbarie & la désolation dans les régions habitées par des nations déjà policées; il arrive qu'ils s'adoucissent & se civilisent eux mêmes; & les efforts que l'on fait ensuite pour rétablir ce que ces barbares ont détruit sans le connoître, sont d'autant plusgrands, que la destruction en a été rapide.

C'est ainsi que le Gaulois abattirent l'Empire Etrusque & y ramenèrent la Barbarie, ce furent eux encore qui portèrent depuis leur ambition, sur le barreau, sur les sciences & les arts des Romains, les Goths ensuite & les Lombards en firent autant en Italie, les Arabes dans l'Asie & dans l'Afrique, & les Tartares dans la Chine. Les Turcs auroient fait la même chose dans la Grèce, si les lettres & les sciences n'en eussent pas été déjà bannies depuis longtems.

Parmi toutes les nations de l'Italie, il s'en trouve pourtant une seule, qui jamais, n'a été soumise au pouvoir destructeur des Barbares : cette nation est la Vénitienne. Les Gaulois qui détruisirent les colonies Etruques sur les rives du Po jusqu'à la mer, ne purent pénétrer dans la Région des Vénitiens, où l'empire des sciences & des arts s'étoit déjà étendu; mais non celui des Etrusques.

Ces Gaulois purent abattre les superbes am-
phitéatres d'Adria, & ses temples magnifiques;
mais il leur fut impossible de franchir les murs
de Padoue, séjour antique de la civilisation,
des sciences & des arts. C'est cette ville qui con-
servat le bon gout chez les Vénitiens, jusqu'à
ce qu'enfin, une contagion fatale à l'esprit,
prévalut dans le monde, arrêta & détruisit tous
les progrés de l'intelligence humaine.

Alors les lettres & les sciences furent pros-
crites par une génération corrompue, alors les
passions humaines déguisées & excités par d'autres aiguillons que ceux de la gloire, dirigèrent
tous leurs efforts vers des objets vains & inuti-
les : le mépris des biens terrestres inculqué par
la religion, fit tomber en discrédit la sagesse
humaine, comme une source dangéreuse d'er-
reurs. Les connoissances acquises depuis tant de
siècles furent abandonnées par les hommes, comme ure chose de nulle valeur: elles s'évanoui-
rent eu peu de tems, en laissant la malheureuse postérité plongée dans une épaisse ignorance.

Néanmoins pendant ces tems de calamité &
dans ces siècles, où l'esprit humain étoit dans

l'esclavage, les sciences & les arts ne furent jamais perdus parmi nous. Nous fîmes plusieurs belles découvertes, & nous trouvâmes beau-coup d'utiles inventions, aux quelles les besoins de notre commerce & de notre navigation, les voya-ges mêmes & la communication avec les peuples d'orient, eurent certainement la plus grande part. L'aurore des arts & des sciences prit nais-sance sur notre horizon, & se répandit ensuite chez les nations voisines; maintenant qu'elles sont éclairées, & parées de nos connoissances, elles élèvent leur front impérieux & par un or-gueil vain & méprisable, joint à l'ignorance de notre histoire, elles nous contestent la gloire que nous nous sommes acquise dès les tems les plus reculés.

Tant que l'Europe ne connut point l'art de l'impression, les sciences ne furent pas beau-coup repandues, les inventions & les découver-tes passèrent difficilement d'un peuple à un au-tre. Les livres étoient l'héritage précieux d'un petit nombre de savants, & l'exercice fatiguant de la plume, occupoit la vie entière des gens de let-tre. Les travaux de nos prédécesseurs étoient d'un bien foible secours pour la postérité & chacun

restoit

restoit abandonné aux efforts de sa propre imagination,

Pour surmonter les obstacles sans nombre, qui se rencontroient alors dans la carrière épineuse des sciences & des arts, il ne falloit rien moins, que de puissants moyens, excités par de grands bésoins; c'est ce que les Vénitiens ont vérifié chez eux. En effet quelle est la nation qui plus qu'eux a eu de grands besoins & en même tems de grands moyens pour les satisfaire? Confinés au milieu des vastes lagunes de l'Adriatique, sur de petites isles étroites & stériles, ils y avoient besoin de tout; mais la mer & les fleuves leurs ouvroient la route pour se pourvoir de tout: voilà l'origine première & la vraie base de la grandeur & des richesses des Vénitiens. La necessité en format un peuple de commerçants & de navigateurs; le hazard le avoient placés dans la position la plus avantageuse pour y réussir & la plus propre, pour parvenir jusqu'au faîte de la grandeur. Il n'est donc pas étonnant que nos ancêtres ayent sçu jetter les fondements d'une République aussi puissante & en rendre le gouvernement immortel. Si leurs besoins étoient pressants, leurs moyens pour y satisfaire, étoient puissants·

B

Devenus les habitants du mobile élement; ils parvinrent enfin à le soumettre à leurs loix ; c'est ainsi qu'en maîtrisant la mer , il purent parcourir différents pays, franchir les aciennes limites du monde connu, dompter des nations belliqueuses, soumettre des royaumes & conquérir des provinces ; cela, dans un tems où le reste de l'Europe connoissoit à peine son existence.

Ils ne pouvoient sans doute exécuter d'aussi grandes choses sans cette supériorité que fournit les grands moyens. Mais si on examine notre histoire , on s'appercevra facilement que ce n'est ni la grande population , ni l'esprit martial des Vénitiens, qui y eurent part. Quels furent donc ces moyens qui les rendirent si supérieurs à leurs voisins, si ce n'est les sciences & les arts dont ils apporterent les débris de Rome & de la Grèce. Je ne crains point eû cela de m'éloigner des bornes de la vérité; malgré la longueur qu'exigeroient les preuves de ce que j'ai avancé & qui excéderoient de beaucoup les limites de mon objet, si je voulois les produire toutes séparément.

Je ne prétends traiter ici qu'un seul point ;

qui est de donner un court essai sur la marine ancienne des Vénitiens, & de démontrer autant que je le pourrai, qu'ils connoissoient cette science, beaucoup mieux qu'on ne l'a cru depuis. En effet qu'y-a-t-il de plus naturel qu'un peuple de navigateurs fasse des progrès dans la science de naviguer? Mais encore un coup cette science ne peut exiter sans les autres, ni être séparée des arts. L'hydrographie, l'astronomie & les mathématiques, en sont inséparables la construction des vaisseaux & tous les bésoins du commerce, entrainent avec eux tout l'enchainement des arts; d'où on peut conclure, qu'il est hors de doute que toutes les sciences & tous les arts dont nous venons de parler n'ayent été connus des Vénitiens dès les tems les plus reculés & qu'ils ne furent jamais perdus parmi nous.

Le Professeur Toaldo dans ses essais sur les études des Vénitiens, démontre suffisamment que leurs navigateurs furent les premiers à appliquer la trigonométrie à la navigation: ce qui sans contredit leur fait beaucoup d'honneur; mais combien n'auront-ils pas à se glorifier encore plus, si je viens à prouver qu'ils furent

aussi les premiers à introduire dans la trigonométrie, l'usage du rayon divisé en décimales, & les tangentes mêmes, que Toaldo suppose avec tous les autres, avoir été employé
par Regiomontano. Cette belle invention injus-
tement attribuée à cet Allemand, à la vérité
homme de mérite & savant, étoit d'un usage
immémoriale chez nous; je ne sai pas pourquoi,
la postérité injuste, lui en a fait honneur,
puis qu'il l'a certainement appris de nous, lorsqu'il vint à Venise en 1463. C'est ainsi que ce
hardi Florentin Améric Vespuce, enleva à Chri-
stophe Colomb la gloire de donner son nom
au nouveau monde: gloire qui ne lui apparte-
noit pas; puis qu'elle a été encore enlevée aux
frères Zen.

Dans le sixième tome des voyages, j'y ai déjà
fait mention d'un portulan, ou recueil de cartes
des ports de mer d'André Bianco en 1436, d'ont
j'avois des lors publié deux cartes, & que j'avois
vois inséré dans ce volume. C'étoit mon inten-
tion de mettre toutes les autres au jour en y
ajoutant encore un écclaircissement sur toutes
en général. J'avois déjà mis la main à l'œuvre;
mais plusieurs raisons m'en détournèrent. Les

dépenses & le travail étoient bien considérables d'une part, & de l'autre l'expérience, m'a bientôt convaincu que je ne pourrois tirer aucun fruit de mes sueurs & de mes fatigues, par un sort fatal au quel les productions littéraires consacrées à l'honneur de la patrie ne sont que trop souvent condamnées. Des épreuves multipliées, m'ont fait connoître qu'il n'y a aucun avantage d'être sensible à ce genre de gloire, toutes les fois qu'on ne retire de ses longs & pénibles travaux, que le mépris & la plus froide indifférence. Je dois avouer cependant, que l'unique récompense que j'ayes reçu de mon application coutinuelle à ce genre d'érudition nationales dont on ne s'occupe plus, c'est l'honneur que le savant Mr. Toaldo m'a fait dans ses essais sur les études Vénitiennes, honneur au quel j'ajoute un grand prix, parce qu'il vient de la part d'un savant distingué, & qu'il m'accorde le plus glorieux des éloges, celui d'être zêlé pour le nom Vénitien.

Aussitôt que ces mêmes essais de Toaldo, qui m'ont inspiré tant de courage pour continuer mon entrepise, me parvinrent dans les mains, je ne pu resister à l'invitation qui m'êtoit faite & je me préparerai aussi-tôt à mettre au jour quelque chose de nouveau en suivant les traces d'un professeur aussj éclairé, Néanmoins en mettant à profit les lumières qu'il m'a fourni, j'oserai m'éloigner en partie de son opinion & principalement lorsqu'il est d'avis que les Vénitiens n'ont fait usage de la trigonométrie dans la navigation, que depuis que *Regiomontano*, leur eut communiqué la pratique de calculer les sinus sur le rayon divisé en parties décimales & leur eut appris la manière de se servir des tangentes.

C'est précisément parce que cette pratique & cet usage du rayon décimal & des tangentes dans le calcul trigonométrique, fut connu par les Vénitiens de tems immmémorial; que *Regiomontano* n'en fut point l'inventeur & que c'est lui qui l'a appris de nous, lorsqu'il vint à Venise en 1463 pour y conférer avec le cardinal Bessarion. Comme il étoit grand mathématicien, il reconnut bien facilement l'utilité de cette pratique qui fut depuis appliquée à l'astronomie: c'est d'après cela que la posterité le regarda comme l'auteur d'une invention aussi avantageuse; & cette opinion devenue en peu de tems universelle, fut ensuite adoptée sans examen & sans critique, de la part des écrivains de l'histoire des mathématiques. Leur sentiment sembleroit être de quelque poids, si l'autorité pouvoit balancer contre un fait. Je suis le premier qui ait reconnu cette erreur; & déjà j'en avois fait la découverte & je l'avois indiqué dans le VI. tome de l'histoire des voiages, quand Mr. l'abbé Toaldo publia son livre intitulé: *Spiegazione dell' antica regola del navigare, chiamata la raxon del marteloio,* tirée d'un ancien manuscrit du Doge Foscarini. Cette explication suppose que la règle étoit postérieure à *Regiomontano,* auquel l'auteur l'atribue; mais pour moi qui ne suis point prévenu en faveur des modernes, au désavantage des anciens, je la réclame comme appartenant à des tems plus reculés.

Nous savons qu'il y a eu des Phéniciens, des Carthaginois, des Grecs & sur tout de profonds géomètres dès les scièles de la plus haute antiquité; & il est à présumer, que les secours qu'ils pouvoient tirer de la trigonométrie ne leur a point échappé, & qu'ils en avoient connoissance. Nous lisons que ces navigateurs de l'antiquité osoient se confier aux vents sur le vaste Ocean, traverser la Méditerranée, sillonner toutes les mers avec des flottes nombreuses, transporter des armées, y livrer des combats, poursuivre l'énemi : & nous pourrions croire qu'ils eussent confié leur destin, uniquement au hazard? Si l'on demande à ceux qui croyent que les anciens ne savoient rien sur la marine, sur quoi est fondé leur opinion, & quelle est la preuve qu'ils naviguoient dans de petites barques à rames & seulement en cotoyant; ils ne pourroient je suis sûr, rien produire qui puisse soutenir l'examen de la critique. Qu'on ne dise donc plus que les anciens ne savois rien sur l'art de la navigation; mais plutôt, que nous ignorons jusqu'à quel point ils y ont été expérimentés. Les anciens au reste étoient des hommes comme nous, des hommes aux quels nous devons toutes les sciences, des hommes capables d'une profonde méditation, & encore mieux des hommes libres de ce joug qui dégrade l'esprit humain: & nous croirions qu'ils n'ont été que de fort peu de chose, supérieurs aux corsaires de la Mer Noire & aux Uscoques de l'Adriatique! Si la trigonométrie leur manquoit, que leur restoit-il donc pour les guider sur la mer?

Je pourrois entrer ici dans un vaste champ d'érudition & démontrer par un grand nombre d'arguments pésants, combien l'opinion que nous avons sur la marine des anciens, s'éloigne de la vérité. Mais je me réserve pour une occasion plus favorable, si jamais j'ai le tems de terminer un histoire sur la marine & le commerce des Vénitiens que j'ai commencé à l'instigation d'un des hommes les plus savants, & j'ose dire des plus animé de l'esprit de patriotisme.

Si les Vénitiens reçurent des Grecs, cette science en héritage, ce n'est point certainement de ceux qui se livroient aux spéculations, sur la doctrine mystique du divin Platon; ni de ceux qui vinrent après & qui ne savoient autre chose que faire de signes de croix à milliers devant des images grossières de Saints, tantôt objet de leur culte, tantôt de leurs persécutions; mais plutôt de ces Grecs, qui assiégerent la ville de Troye, qui fonderent de nombreuses Colonies, en Asie, en Afrique, & surtout en Italie, de ceux qui éleverent le Pirée

& le Colosse de Rhode, de ces Grecs enfin, qui surent vaincre les flottes de Xerces.

Il est vrai que dans le quinzième siècle, les Grecs des isles & ceux de Constantinople, se réfugièrent en Italie, & surtout dans la Vénetie, à cause des progrès menaçants & trop avérés des Ottomans; mais seroit-il possible qu'on pu soupçonner, que la perfection de l'art de la navigation eut été apportée à Venise par des Grecs transfuges & miserables? La Grèce ne possédoit déjà plus cet art de la navigation & cette science du commerce.

L'empire d'Orient ayant changé de face, & se trouvant démembré de tout côtés, & restreint aux confins peu étendus du district de sa capitale, il avoit depuis longtems renoncé à ses prétentions sur la mer & à tout ce qui concerne la marine. C'est à cette époque que les Vénitiens vers le XIII. siècle, sortirent de leurs lagunes avec une flotte puissante, qu'ils purent former le siège de Constantinople, y rétablir sur son trône un Empéreur exilé, le punir ensuite de son ingratitude; enfin emporter d'assaut, cette grande ville, & se rendre maître d'un quart de l'empire des Grecs.

Si ces derniers eussent cultivés l'art de la navigation, & s'ils se fussent appliqué à tout ce qui a rapport à la marine, pourquoi dans les siècles qui précéderent cette fameuse époque, eurent-ils recours aux Vénitiens pour implorer leur assistance contre les Normands & les Sarazins? & comment les Vénitiens à leur tour, auroient-ils pu établir leur puissance sur la mer & acquérir cette réputation de navigateurs incomparables, sans être instruits dans l'art de la navigation? Cette réputation, dis-je, est cependant aussi ancienne que la fondation de le République, puisque du tems de Théodoric Ostrogot, ils avoient coutume au rapport de Cassiodore, de parcourir des espaces immenses sur la vaste superficie des mers.

C'est un vrai préjugé de croire que dans ces premiers tems de la nation Vénitienne, elle ne se servoit que de petits bâtiments à rames. Pour moi je crois fermement, que les Vénitiens avoient des vaisseaux aussi grands que ceux d'aujourdhui, on peu s'en faut; & de même que la distance diminue les objets, de même aussi je pense que l'éloignement de mille ans & plus, a pu nous faire illusion.

L'origine de ce préjugé défavorable, vient de l'opinion trop commune & mal fondée, que la République de Venise, qui est la plus puissante & la plus remarquable qu'il y ait eu, après celle des Romains, n'ait eue que des commencements obscurs & peu considérables, & que ces fondateurs n'ayent été que de pauvres pêcheurs: opinion que j'ai déjà combattue dans une autre occasion, & dont j'ai demontré toute la fausseté dans mon abrégé de l'histoire des Vénitiens.

En effet ce préjugé une fois dissipé & en parcourrant d'un œil critique les différents passages de l'histoire ancienne des Vénitiens, ou y trouve que dès le premiers siècles, ils avoient des forces maritimes, qui devoient supposer l'art de construire des vaisseaux & la science de les diriger. Comment cette nation auroit elle pu courrir les mers, jusqu'aux plages les plus éloignées, avec des barques de pêcheurs & de petits bâtimens à rames seulement? Comment auroient-ils pu transporter l'armée que Justinien expédia pour reconquérir l'Italie sous la conduite de Narsès. Comment auroient-ils pu parvenir à purger la Mer Adriatique que les cor-

saires Dalmates infestoient par leurs incursions
continuelles , comment auroient-ils fait, pour
tenir tête aux Sarazins, & réprimer l'audace
des Normands?

La réputation que les Vénitiens s'étoient acquise par leur science dans la navigation, &
par leur courage sur mer, étoit déjà connue (*)
dès ces tems reculés, à toutes les nations maritimes. Mais ce ne sont là encore que des conjectures. Nous n'avons pas de preuves plus anciennes que celles de l'an 1202. Pour nous
donner une juste idée de la grandeur des vaisseaux Vénitiens & nous faire juger comment
de pareils bâtiments, pouvoient voguer le long
de côtes, ou bien se diriger en pleine mer,
sans le secour de l'art de la navigation.

Pour transporter au delà des mers l'armée des
François & des Bourguignons destinée pour cette fameuse Croisade, qui se termina ensuite
par la prise de Zara & de Constantinople, les
Vénitiens employèrent cent dix gros vaisseaux,

(*)   *Gens nulla valentior illis*
Æquoreis bellis, ratiumque per æquora ductu.
                              Willelmus Apul.

soixante d'une construction allongée & un nombre pareil d'autres bâtiments de transport. Il entroit alors dans cette expédition quatre mille cinq cent chevaux & plus de quarante mille hommes de troupes: d'où l'on peut juger qu'elle pouvoit être la capacité des vaisseaux qui composoient un armement aussi formidable & dont les préparatifs durèrent trois ans consécutifs dans les arsénaux de Venise.

C'est ici le moment de réfléchir un peu sur la grande puissance de la République dès ces tems là, & sur la quelle on a de si étranges préjugés. A ce deux cent trente vaisseaux, les Vénitiens y joignirent encore cinquante galères armées en guerre, ce qui format en tout une flotte de deux cent quatre vingt vaisseaux de guerre, tous construits sur les chantiers de la République, & tous arborants son pavillon. Cependant elle n'étoit pas encore parvenue au comble de sa grandeur, & elle ne possédoit pas encore un pouce de terre dans la Lombardie. Il y en avoit un parmi tous ces vaisseaux, qui s'appeloit *il Mondo*, le plus grand que la Mer Adriatique ait porté depuis le vaisseau triumphal de Claudius. Il seroit à souhaiter, que l'Histoire nous eut conservé les dimentions de ce grand bâtiment, comme on l'a fait pour un autre vaisseau appellé la *Sta. Maria* que la République de Venise accordat à St. Louis Roi de France, pour l'expédition de 1268. Le Diplome des conventions entre ce Monarque & la République a été publié par Zauetti. On y voit que le gouvernement républicain lui accordat trois de ses vaisseaux & douze autres qui appartenoient à des particuliers Vénitiens. Cependant ces quinze vaisseaux transporterent à la Terre Sainte, quatre mille chevaux & dix mille soldats ; nombre vraiment remarquable , qui démontre bien clairement la capacité surprénante de ces bâtiments dont le plus grand avoit cent & huit pieds Vénitiens (*) de longueur & cent dix matelots, ce qui revient à peu près à la dimention d'un de nos vaisseaux de soixante pièces de canons. (**)

Suivant la réflexion de Zanetti on doit faire

_____

(*) Le pied de Venise est au pied de Paris comme le 1540, est à 1440.

(**) Les vaisseaux Vénitiens du premier rang ont 125 pieds de quille & 127 suivant le dernier modelle.

attention dans ce passage, que la marine des Vénitiens étoit déjà en partie changée & qu'on ne faisoit plus usage des rames dans les bâtiments de transport; mais j'aurois voulu, qu'ils nous eut dit quand cette réforme eut lieu, attendu que ce qu'il semble vouloir nous faire conclure en citant l'ouvrage de l'art de la guerre de Leon le Sage, ne me paroit raisonnable en aucun point. Il n'est pas parlé dans ce passage, que des vaisseaux armés pour le combat, qui naturellement parlant avoient tous le secour des rames; ce qui étoit très nécessaire avant qu'on se servit de l'artillerie & dans un tems où l'art de la guerre sur mer étoit généralement dirigée d'après cette usage; mais on ne fait point mention des bâtiments de charge, pour le transport des hommes, des marchandises & des chevaux, & comme ils étoient simplement à voile en 1200, ils le furent encore de même dans la suite.

Ces vaisseaux simplement à voile, ne servirent point à la guerre, autant que je puis le conjecturer, avant le IX. siècle, & il semble que ce fut la nécessité seule qui ait donné aux Vénitiens l'idée de les armer en guerre. En

effet

effet un de nos anciens historiens nous apprends
que les Vénitiens né s'en servirent à cet usage
que l'an 838 lors de la défaite & de la déstru-
ction totale que les Sarazins firent de leur flotte qui étoit composée de soixante galères &
qui avoit été expédiée en Sicilie pour porter
du secour aux Grecs; ils s'en servirent aussi à
l'occasion d'une autre journée malheureuse à *San-
sego*, dans la quel les Sarazins resterent encore
une fois les vainqueurs. Les Vénitiens alors se
trouverent si affoiblis sur mer, que les Corsaires de Dalmatie oserent infester les bords des
lagunes, & s'emparer de Caorle & de Grado.
Ce fut alors que le Doge *Gradenico* expédia
ces deux vaisseaux appellées *Galandres* armés
en guerre d'après une nouvelle invention. Ces
Galandres étoient certainement des vaisseaux
marchands & par conséquent à voile simple,
comme cela est prouvé par d'anciens passages.

Si je ne me trompe, les *Galandres* des anciens n'étoient autre chose, que les *Palandres*
des modernes; d'ailleurs rien n'est si facile que
le changement d'une lettre dans la prononcia-
tion, surtout pendant le cours de plusieurs siècles & de la part de mariniers grossiers. Je ne

C